IFCD0132

JOOMLA, SISTEMA DE GESTIÓN DE CONTENIDOS WEB

IFCD0132

JOOMLA, SISTEMA DE GESTIÓN DE CONTENIDOS WEB

Antonio Menchén Peñuela

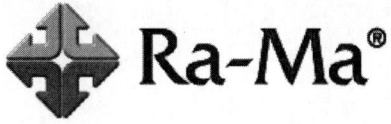

La ley prohíbe
fotocopiar este libro

IFCD0132 - JOOMLA, SISTEMA DE GESTIÓN DE CONTENIDOS WEB
© Antonio Menchén Peñuela
© De la edición: Ra-Ma 2024

Editado por:
RA-MA Editorial
Calle Jarama, 3A, Polígono Industrial Igarsa
28860 PARACUELLOS DE JARAMA, Madrid
Teléfono: 91 658 42 80
Fax: 91 662 81 39
Correo electrónico: *editorial@ra-ma.com*
Internet: *www.ra-ma.es* y *www.ra-ma.com*
ISBN: 978-84-1036-051-8
Depósito legal: M-19889-2024
Maquetación: Antonio García Tomé
Diseño de portada: Antonio García Tomé
Filmación e impresión: Safekat
Impreso en España en septiembre de 2024

A mi familia

ÍNDICE

INTRODUCCIÓN 13

CAPÍTULO 1. INSTALACIÓN 19

  1.1 INSTALACIÓN DE JOOMLA! (SPANISH) 22

  1.2 MÚLTIPLES VERSIONES DE JOOMLA! 24

CAPÍTULO 2. ADMINISTRACIÓN DE UN SITIO JOOMLA! 27

  2.1 PANEL DE CONTROL DEL SITIO 28

  2.2 SITIO 31

    2.2.1 Configuración global 31

    2.2.2 Mantenimiento 31

    2.2.3 Información del sistema 33

  2.3 USUARIOS 33

    2.3.1 Nuevo usuario 34

    2.3.2 Niveles de acceso 35

  2.4 MENÚS 36

    2.4.1 Añadir nuevo menú 37

  2.5 CONTENIDO 39

    2.5.1 Artículos destacados 39

    2.5.2 Gestor multimedia 40

  2.6 COMPONENTES 41

    2.6.1 Gestor de banners 41

    2.6.2 Contactos 42

    2.6.3 Enlaces Web 42

2.6.4 Mensajería.. 42

2.6.5 Noticias externas 42

2.6.6 Redireccionar 42

2.7 EXTENSIONES 42

2.7.1 Módulos 42

2.7.2 Plugins 43

2.7.3 Plantillas... 43

2.7.4 Extensiones de idioma 43

CAPÍTULO 3. GESTOR DE MENÚS... **45**

3.1 ELEMENTOS DE MENÚ 46

3.1.1 Elemento de menú Artículo destacado... 48

3.1.2 Elemento de menú Categoría blog 50

3.1.3 Elemento de menú Artículo simple... 51

3.1.4 Elemento Crear artículo 51

3.1.5 Otros tipos de Elemento de menú para artículos...................................... 51

3.1.6 Elemento de menú Contacto único 53

3.1.7 Otros elementos de menú para contactos 54

3.1.8 Elemento de menú Enlace Web 54

3.1.9 Elemento de menú Listar resultados de la búsqueda................................ 54

3.1.10 Elemento de menú Formulario de acceso 55

3.1.11 Elemento de menú Perfil de usuario 57

3.1.12 Elemento de menú Editar perfil de usuario.. 57

3.1.13 Elemento de menú Solicitud para recordar al usuario............................ 57

3.1.14 Elemento de menú Restablecer contraseña 57

3.1.15 Elemento de menú URL embebida en un marco incorporado 60

3.1.16 Alias Elemento de Menú... 60

3.2 MÓDULOS ENLAZADOS CON EL MENÚ 60

CAPÍTULO 4. GESTORES DE USUARIOS Y ARTÍCULOS **63**

4.1 PERFILES 64

4.2 GRUPOS 64

4.3 USUARIOS 66

4.3.1 Notas de usuario... 67

4.3.2 Categorías de notas de usuario... 67

4.3.3 Nuevos usuarios desde una sesión frontend 68

4.4 ENVIAR UN ARTÍCULO... 68

4.5 OPCIONES GENERALES PARA LOS ARTÍCULOS 69

4.6 CATEGORÍAS DE ARTÍCULOS..70

   4.6.1 Categoría nueva 72

4.7 CREAR ARTÍCULOS DESDE UNA SESIÓN FRONTEND 73

4.8 EDICIÓN DE UN ARTÍCULO DESDE UNA SESIÓN FRONTEND...........75

4.9 ARTÍCULOS DESTACADOS...76

CAPÍTULO 5. GESTOR DE PLANTILLAS..**77**

5.1 DESCARGA DE PLANTILLAS...79

5.2 PLANTILLAS Y ELEMENTOS DE MENÚ 81

5.3 EDITAR ESTILO 81

5.4 PERSONALIZAR PLANTILLAS 83

5.5 DISEÑOS DE PLANTILLAS 83

CAPÍTULO 6. GESTOR DE MÓDULOS...**87**

6.1 TIPOS DE MÓDULOS 87

   6.1.1 Artículos archivados 87

   6.1.2 Anuncios – Banners 89

   6.1.3 Noticias de última hora 89

   6.1.4 Enlace Web 90

   6.1.5 Imagen aleatoria 90

   6.1.6 Búsqueda inteligente 91

   6.1.7 Personalizar HTML 93

   6.1.8 ¿Quién está en línea? 95

   6.1.9 Formulario de acceso 95

   6.1.10 Artículos relacionados..96

   6.1.11 Categorías de artículos...96

   6.1.12 Contenidos más leídos 97

   6.1.13 Menú..97

   6.1.14 Ruta..98

   6.1.15 Últimas noticias 98

   6.1.16 Ventana iFrame..98

CAPÍTULO 7. ESTUDIO DE UN SITIO CON EJEMPLOS............................**99**

7.1 MENÚ PRINCIPAL...100

   7.1.1 Página de inicio..100

   7.1.2 Mapa del sitio..101

   7.1.3 Acceso...101

   7.1.4 Sitios de ejemplo...101

7.1.5 Administrador del sitio.. 102

7.1.6 Ejemplo de páginas 102

7.2 MENÚ USUARIO.. 102

7.2.1 Su perfil.. 102

7.2.2 Enviar artículo.. 103

7.2.3 Enviar enlace.. 103

7.3 EJEMPLOS ENLACES... 104

7.3.1 JoomlaSpanish 104

7.4 SOBRE JOOMLA!.. 104

7.5 PARQUES AUSTRALIANOS.. 104

7.5.1 Parks Home.. 104

7.5.2 Park Blog 105

7.5.3 Image Gallery... 105

7.5.4 Parks Links 106

7.6 TIENDA DE FRUTAS 106

7.6.1 Bienvenido 107

7.6.2 Fruit Encyclopedia 108

7.6.3 Growers.. 109

7.6.4 Contactar.. 109

7.7 ACCESO 110

7.8 DIRECCIONES... 110

7.9 RECETAS 110

7.10 BANNERS 110

7.11 PLUGINS 110

CAPÍTULO 8. ESTUDIO DEL SITIO WEBGUARDERIA **113**

8.1 FUNCIONALIDADES DEL SITIO WEBGUARDERIA 114

8.2 PLANTILLA PARA LA GUARDERÍA 115

8.3 LOGO... 116

8.4 CUADRO DE BÚSQUEDAS 117

8.5 ESTRUCTURA DEL SITIO GUARDERÍA 118

8.6 AÑADIENDO MENÚS 119

8.7 MÓDULOS 123

8.8 PIE DE PÁGINA 125

8.9 USUARIOS Y GRUPOS 125

8.10 PÁGINA DE INICIO Y ARTÍCULOS DESTACADOS 129

8.11 DOCUMENTOS 129

8.12 CONTACTOS 132

8.13 CORREO MASIVO 134

8.14 MAPA DEL SITIO 135

CAPÍTULO 9. OTROS SITIOS **137**

9.1 JUSTIFICACIÓN DE UN SITIO PARA UN HOTEL 137

9.2 CARACTERÍSTICAS DEL SITIO 137

9.3 PLANTILLA PARA EL HOTEL 138

9.4 ORGANIZACIÓN DEL CONTENIDO DEL HOTEL 139

9.5 ALMACÉN DE IMÁGENES 140

9.6 MAPAS 140

9.7 SITIOS BLOG 142

    9.7.1 Concepto actual de blog 142

    9.7.2 Bloggers existentes 142

    9.7.3 Funcionalidades de un blog 143

    9.7.4 Categorías dentro de un blog 144

    9.7.5 Etiquetado 148

    9.7.6 Últimas entradas 149

    9.7.7 Post con más accesos 149

    9.7.8 Copyright 150

    9.7.9 Enlaces a otros blogs 151

9.8 MISCELÁNEA 151

    9.8.1 Publicación de entradas 152

    9.8.2 Comentarios a las entradas 152

    9.8.3 Canal RSS 153

    9.8.4 Correo masivo 154

    9.8.5 Foros de discusión 154

CAPÍTULO 10. MISCELÁNEA DE EXTENSIONES **157**

10.1 FLIPPINGBOOK 157

10.2 CREACIÓN DE UNA REVISTA 159

10.3 YOUTUBE GALLERY 159

10.4 JT CALENDAR 160

10.5 JS YAHOO!WEATHER 161

10.6 RAPID1PIXELOUT 161

10.7 LIVE CHAT 164

10.8 ANY GADGETS 164

10.9 ACESQL 166

10.10 ACEFTP 167

10.11 ADMIN FOREVER.. 167

10.12 EDITOR JCE 168

    10.12.1 JCE MediaBox 169

    10.12.2 Extensiones permitidas 171

    10.12.3 Cambiar el tamaño máximo de los archivos que subamos.......... 172

10.13 CALCULATE NINJA 172

CAPÍTULO 11. BLOGG-X **175**

11.1 CARACTERÍSTICAS DESTACABLES DE BLOGG-X 175

11.2 ACTUALIZACIONES NECESARIAS... 176

11.3 ARTÍCULOS NUEVOS 178

    11.3.1 El editor de Blogg-X 180

    11.3.2 Características adicionales del editor de Blogg-X 182

11.4 MANEJADOR DE ARTÍCULOS 183

11.5 MANEJADOR DE MEDIA... 184

ÍNDICE ALFABÉTICO **189**

INTRODUCCIÓN

Imaginemos que estamos navegando por las páginas de la Web, y que nos encontramos visitando la que se muestra en la figura I.1.

Figura I.1. Página de la guardería Pato Donald – 2

En este supuesto, por cualquier razón, queremos regresar a una página anterior de nuestro paseo por unos instantes, y regresamos a la de la guardería.

Sorprendentemente, nos podemos encontrar con la imagen de la figura I.2.

Figura I.2. La misma guardería instantes después de la última visita

¿Qué ha ocurrido? Pues esencialmente lo que ha ocurrido es un sencillo golpe de clic de un personaje muy importante en el contexto de Joomla!: el Superusuario del sitio (la Web de la Guardería).

Este sujeto, justo en el tiempo en que nuestro navegador de Internet estaba visitando otra página, decidió cambiar la plantilla que usaba el inicio de la Web de la Guardería.

¿Tan fácil? Pues sí. Bastante fácil. Ese es el gran secreto de Joomla!: nos permite gestionar el contenido de una Web con un simple clic del ratón.

El truco está en que un sitio Joomla!, así denominaremos a una página Web creada a partir de la tecnología Joomla!, no existe hasta que no se visita.

A diferencia de las páginas Web tradicionales que son estáticas (existen antes de ser visitadas), las Webs creadas con Joomla! son dinámicas: sus 3 componentes principales (plantilla, contenidos y módulos) se unen en el momento en que el navegador de Internet accede mediante un enlace o el URL escrito en la caja de direcciones al sitio Joomla! (habrá pues una copia diferente por cada navegador que en ese momento esté visitando dicho sitio).

El contenido se encuentra almacenado en artículos independientes, los módulos permiten interactuar de múltiples maneras con la página Web (mediante búsquedas, formularios, menús, etc.) y la plantilla establece cómo se distribuyen los artículos y las posiciones que pueden ocupar los módulos en la página.

La figura I.3 nos muestra estos elementos en el ejemplo de la guardería.

Figura I.3. Componentes de la guardería

A los usuarios que visitan un sitio se les denomina *frontend* (en primer plano), mientras que los Superusuarios que realizan los cambios y establecen con un diseño qué aspecto tendrá el sitio al ser visitado, son usuarios *backend*.

Para poder abrir una sesión como usuario *backend* es necesario ser el Superusuario (normalmente el que instala Joomla!), o un usuario autorizado con cuenta creada por aquel.

La figura I.4 muestra el aspecto típico del Panel de control de una sesión de un Superusuario de un sitio Joomla!.

¿QUÉ ES JOOMLA!?

Con todo lo dicho, ¿qué es Joomla!? Pues un Sistema Gestor de Contenidos (CMS en inglés). De manera que las páginas o sitios se encuentran separados claramente de la aplicación que permite gestionarlas (la sesión del Superusuario).

Figura I.4. Aspecto de una sesión del Superusuario de un sitio Joomla!

Otra característica importante de Joomla! es que pertenece a los proyectos llamados de código libre: se puede descargar e instalar de forma totalmente gratuita.

Además existen muchos sitios en Internet donde podremos bajarnos plantillas, módulos, *plugins*, etc. (llamados extensiones), e instalarlas fácilmente en nuestro sitio para mejorar (extender) la funcionalidad del mismo.

También hay que decir que a veces esto puede llevar un coste económico (en general pequeño), dado que se trata de mejoras que han requerido un esfuerzo y sus autores quieren ser recompensados de algún modo.

Sin embargo, son miles las extensiones que pueden descargarse de manera gratuita.

Joomla!, como proyecto de código abierto, tiene numerosos desarrolladores que trabajan en él. Esto se traduce en que aparecen continuamente nuevas versiones.

Desde la 2.5 (que junto con la 1.7 se muestra en los ejemplos del presente libro) el paquete se actualiza.

En este sentido, en el Panel de control del Superusuario se dispone de un botón (Joomla! está al día), que nos avisa si existe una nueva versión.

Bastará con que pulsemos dicho botón para que consigamos tener siempre actualizado el sistema (también podremos poner al día sus componentes: módulos, *plugins*, plantillas, etc., sin cambiar de versión).

Como veremos en el siguiente capítulo, instalar Joomla! solo requerirá de un servidor web que tenga además soporte PHP y MySQL. Para conseguir esto podremos descargarnos de Internet el software adecuado sin ningún problema.

El siguiente paso es extraer el archivo .zip que contiene la versión de Joomla! colgando de la carpeta <instalación del servidor web>/www/ y pasar a ejecutar el programa de instalación desde cualquier navegador de Internet (Mozilla o IExplorer, preferentemente).

Podremos tener todas las versiones que queramos (en carpetas distintas) y varias copias de la misma versión. Cada una de ellas supondrá un sitio Joomla! diferente.

Para principiantes se aconseja que la instalación contenga datos ejemplo. Es decir, ejemplos de sitios predefinidos. De esta manera se hará una idea de cómo utilizar Joomla!.

Si el instalador tiene cierta experiencia en Joomla!, lo mejor es hacer una instalación limpia (sin datos ejemplo), de manera que podrá personalizar a su gusto el sitio.

A lo largo de los capítulos del libro veremos ejemplos de sitios predefinidos y sitios limpios (el de la guardería es uno de ellos).

ESTRUCTURA DEL LIBRO

Podemos distinguir 4 grandes bloques temáticos:

- El primero dedicado a la instalación ocupado exclusivamente por el Capítulo 1, donde detallaremos pormenorizadamente todos los pasos a seguir para tener el sistema Joomla! en nuestro computador. Veremos cómo convertirlo en un servidor web y disponer del lenguaje PHP y el gestor de bases de datos para MySQL.

- El segundo bloque lo forman los capítulos del 2 al 6 y constituye el núcleo central del libro. En el Capítulo 2 desarrollamos todos los aspectos que contiene la administración de un sitio Joomla!. Se verá el Panel de control con todas las opciones y operaciones que se pueden realizar desde el mismo. En los capítulos siguientes (hasta el 6) trataremos de forma más detallada las operaciones accesibles desde el Panel de control, con ejemplos concretos donde puede verse cómo llevar dichas operaciones a la implementación. Así por ejemplo en el Capítulo 3 estudiaremos el Gestor de menús y en el 5 el Gestor de plantillas.

- El tercer bloque se corresponde con casos prácticos de sitios y abarca los capítulos del 7 al 9. Estos casos son: estudio de los sitios ejemplo Parques Australianosy Tienda de Frutasque vienen con la instalación de Joomla!, estudio de un sitio para la guardería Pato Donald - 2, y estudio de un sitio para el hotel Don Luis y un sitio para un *blog* personal. Con el primero se pretende rendir homenaje a (y a la vez aprender de) los autores de sitios de referencia en la bibliografía de Joomla!; el segundo es un ejemplo de cómo aplicar esta tecnología a un caso real (sobre todo se insistirá en la jerarquía de categorías tan relevante para determinar el mapa de un sitio); y el tercero son dos sitios con unos requerimientos muy específicos (eminentemente comerciales) y la forma más directa de comunicación online con visitantes de la Red a nuestra información personal.

- Por último, el cuarto bloque lo constituyen los capítulos 10 y 11. El primero lo dedicaremos a estudiar algunas de las extensiones (módulos, componentes y *plugins*) más populares de Joomla!, mientras que el último capítulo estará dedicado al desarrollo de la aplicación Blogg-X. Dicho programa se instala localmente y es otra alternativa a la administración de artículos y media con el navegador de Internet. En concreto Blogg-X presenta un editor muy atractivo y una serie de ventanas (clientes FTP) que nos permitirán actualizar el contenido de un sitio sin tener que utilizar el navegador (e, incluso, estar conectados a Internet ya que se almacenarán provisionalmente en disco hasta que se produzca la conexión).

Capítulo 1

INSTALACIÓN

Vamos a suponer que nuestro equipo tiene instalado el sistema operativo Windows 7 (en los ejemplos mostrados es la versión Professional) y el navegador IExplorer 9.0.

Lo primero que deberemos hacer es descargarnos un paquete que nos va a permitir tener instalados:

- MySQL (la información que utilizan las páginas web está almacenada en bases de datos MySQL).

- PHP (lenguaje de los *scripts* que permiten interactuar con las bases de datos).

- Apache (convierte nuestro PC en un servidor de páginas web).

Lo encontrará en el URL *http://www.appservnetwork.com/*. Puede descargarse la 2.5.10.

El paquete se llama appserv-win32-2.5.10.exe (vea figura 1.1).

Es muy importante que antes de ejecutarlo sepamos que tenemos privilegios de usuario instalador. De esta manera evitaremos que cualquier usuario de nuestro equipo tenga detener y arrancar el servidor Apache o manipular las bases de datos que utilizan las páginas web.

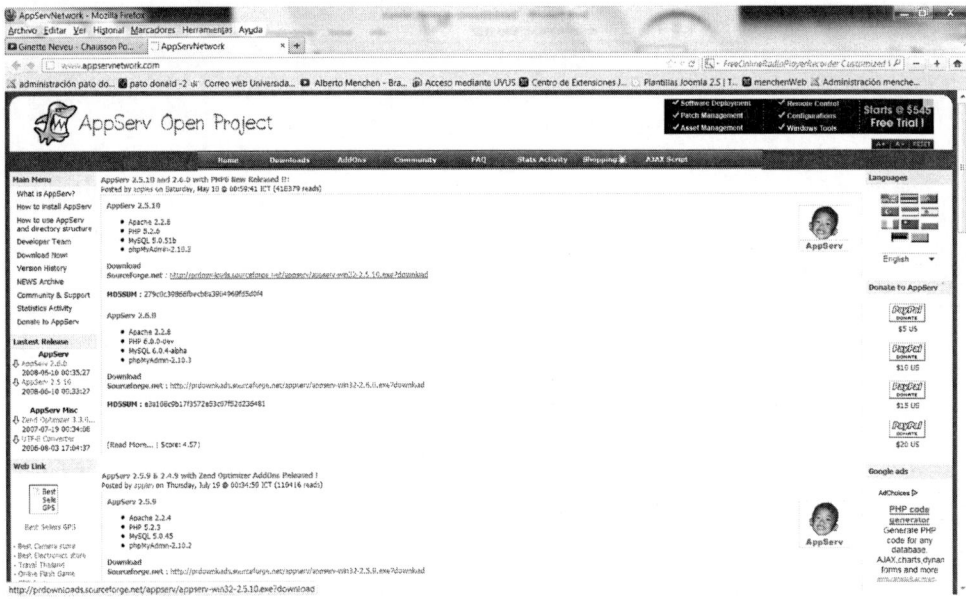

Figura 1.1. Página para descargar el paquete appserv-win32-2.5.10.exe

De hecho, después de instalar el servidor Apache, si abrimos con nuestro navegador web (supondremos siempre que es IExplorer 9.0) el URL *http://localhost* se nos mostrará la página de la figura 1.2.

En la misma encontramos un enlace para administrar las bases de datos MySQL que utilizarán las páginas web que creemos (ya desde Joomla!).

Así si hacemos clic en el enlace *phpMyAdmin Database Manager Version 2.10.3* se nos mostrará la página de la figura 1.3 (después de entrar como usuario root cuya clave habremos dado durante la instalación del servidor Apache).

Si desplegamos en el panel izquierdo Seleccionar base de datos y escogemos la que instalaremos posteriormente con Joomla! 1.7 (Spanish), podremos obtener una página como la que se muestra en la figura 1.4. En la misma tendremos 133 tablas que podremos manipular desde dicha página. Dichas tablas provienen de ejemplos confeccionados por los desarrolladores de Joomla! 1.7.

Nota: la IP del PC debe ser fija y no asignada automáticamente (protocolo DHCP). De esta manera podremos acceder al sitio desde cualquier lugar de Internet (pueden encontrarse soluciones para IP no fijas pero no resultan fáciles de implementar).

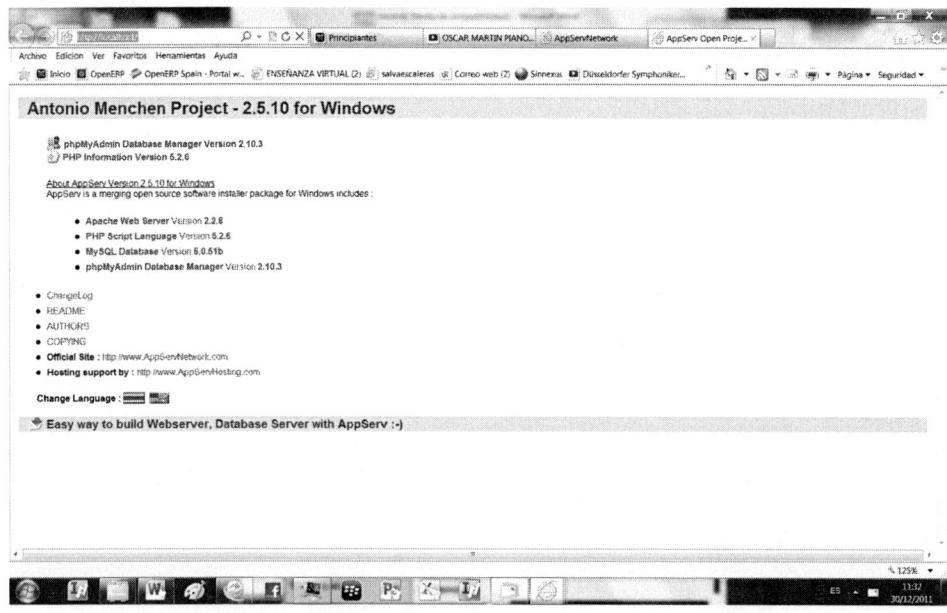

Figura 1.2. Página una vez iniciado el servidor Apache

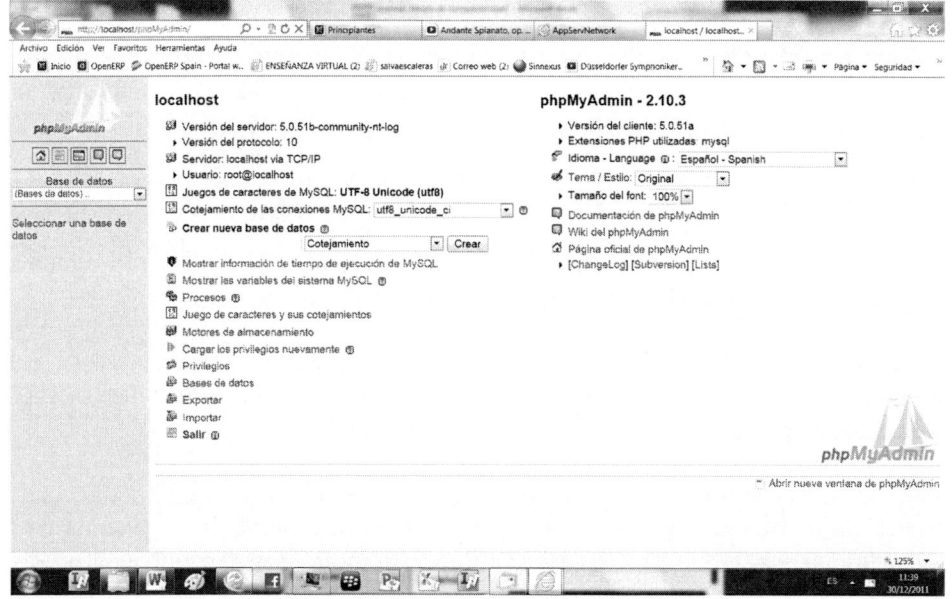

Figura 1.3. Administración de bases MySQL

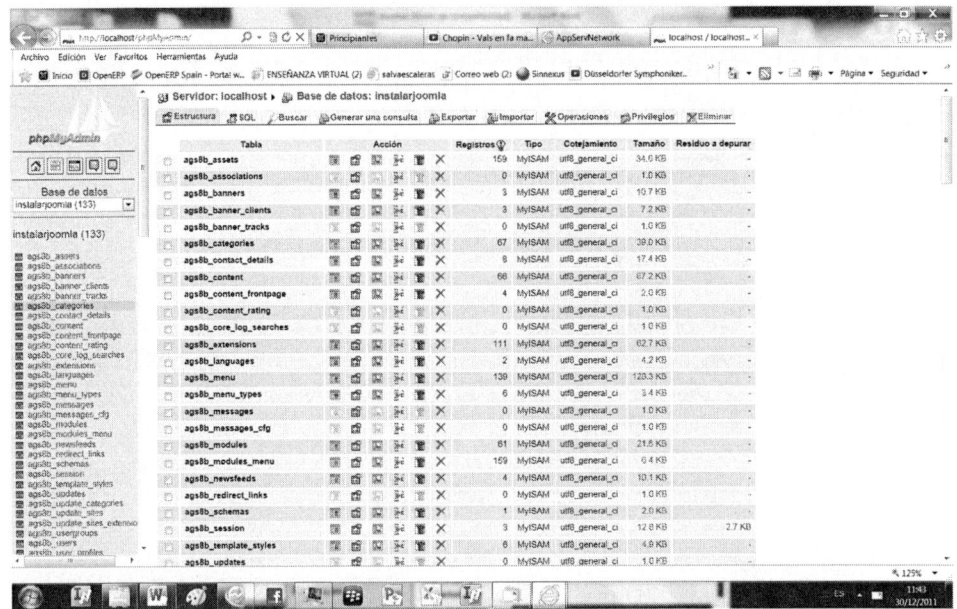

Figura 1.4. Tablas ejemplo de Joomla! 1.7 (Spanish)

1.1 INSTALACIÓN DE JOOMLA! (SPANISH)

Ahora descargaremos Joomla! (1.7) de la web *http://joomla.com.es/*. Encontraremos el *banner* en la zona superior derecha de la página.

Al descargarlo obtendremos el archivo:

Joomla_1.7.0_es_ES_Estable_PaqueteCompleto.zip (existen versiones anteriores y posteriores. Podremos elegir la que deseemos).

Desmontaremos el archivo .zip en la carpeta C:\AppServ\www y le daremos a la carpeta un nombre sencillo (el de nuestro sitio. Por ejemplo joomla17). Ver figura 1.5.

Una vez extraídos los archivos, sencillamente nos vamos con el navegador al URL *http://localhost/joomla17* y encontraremos la ventana de bienvenida de la instalación (ver figura 1.6). Elegiremos aquí el idioma (por defecto) para nuestro sitio Joomla!.

Importante: recordemos que debe tener privilegios de usuario instalador. En otro caso no podrá instalar versiones como la 2.5 de Joomla!.

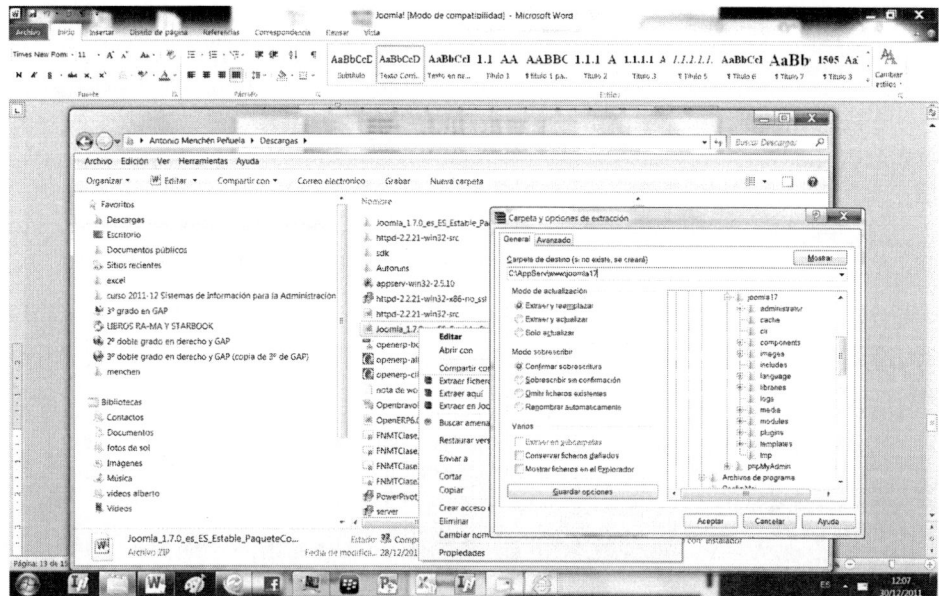

Figura 1.5. Extraer archivos de Joomla! 1.7

Las siguientes ventanas (figuras 1.7 y 1.8) son respectivamente la comprobación de la compatibilidad de la instalación de Joomla! y los lenguajes MySQL y PHP (no se admiten cambios por lo que son puramente informativas); y los términos de la licencia de uso de la herramienta (se trata de un código abierto).

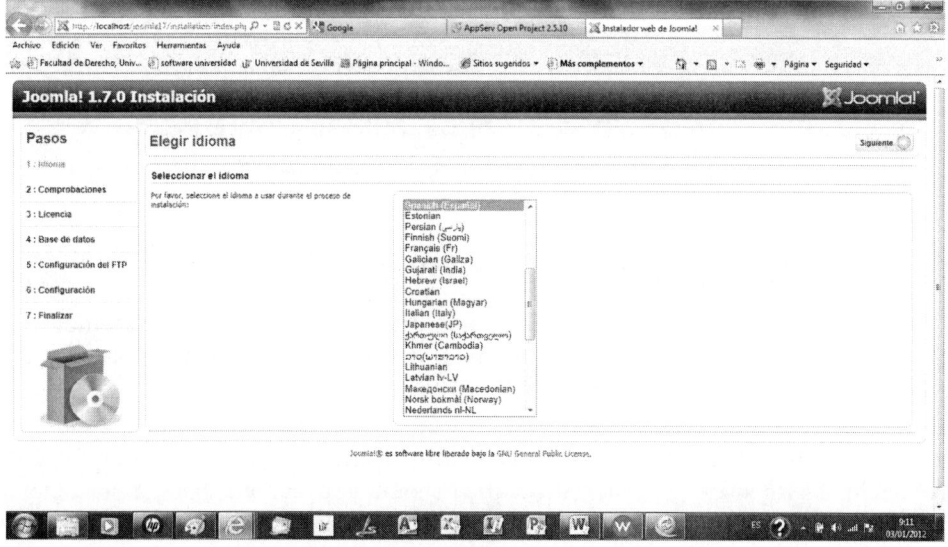

Figura 1.6. Instalando idioma para Joomla 1.7

La ventana que se mostrará a continuación se corresponde con la base de datos que van a utilizar las páginas web que creemos (figura 1.9).

Finalmente se nos pedirá un nombre para el sitio (identificación de la instalación realizada respecto a otras a las que tengamos acceso), una cuenta con clave para administrar el sitio y un botón para cargar una base de datos ejemplo (ver figura 1.10). Recuerde que si elige obviar este último paso tendrá un sitio limpio, por lo que debería ser un usuario con cierta experiencia en Joomla!.

Por último, hay que borrar el directorio de instalación. Se puede hacer de manera muy cómoda haciendo clic sobre el botón de la ventana siguiente (figura 1.11).

Figura 1.7. Compatibilidad con los lenguajes MySQL y PHP

1.2 MÚLTIPLES VERSIONES DE JOOMLA!

Se pueden tener múltiples versiones operando en el mismo servidor web (cada una en una carpeta distinta), y todas colgando de la carpeta *www* de la instalación del paquete appserv-win32-2.5.10.exe.

También, por supuesto, se pueden tener varios sitios de la misma versión. De hecho es aconsejable tener de cada versión una carpeta con la instalación completa (incluyendo datos de ejemplo) y limpia (una por cada sitio web que creemos).

Figura 1.8. Términos de la licencia de Joomla!

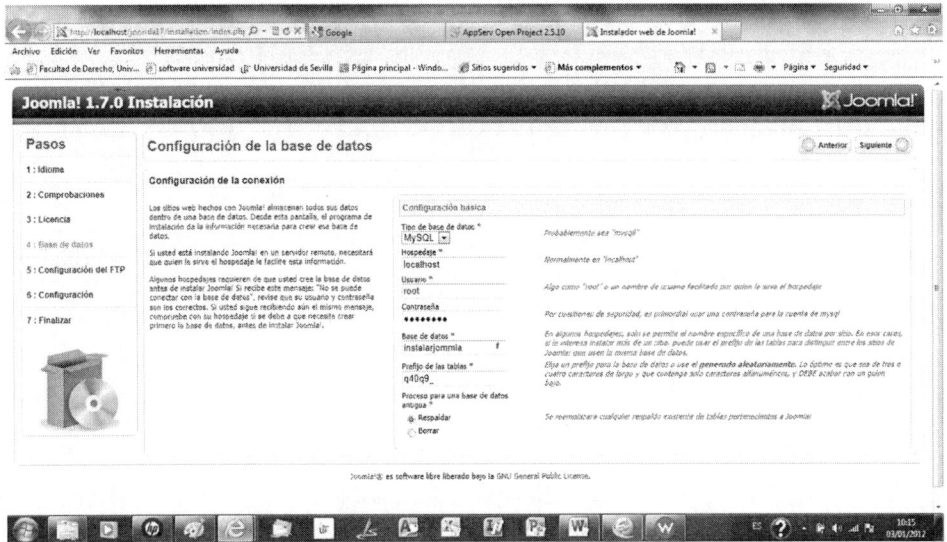

Figura 1.9. Configuración de base de datos para Joomla!

La razón de disponer de varias versiones es que comprobará (con algo de desagrado) que muchos componentes que puede descargar gratuitamente de Internet solo funcionan en determinadas versiones. Esto ocurre, muy a menudo, con plantillas que presentan un aspecto muy atractivo pero que no se pueden aplicar a los sitios creados con determinada versión de Joomla! (desde localhost/phpMyAdmin/ se puede gestionar todas las instalaciones que realicemos).

Figura 1.10. Sitio Joomla! y cuenta de Superusuario del mismo

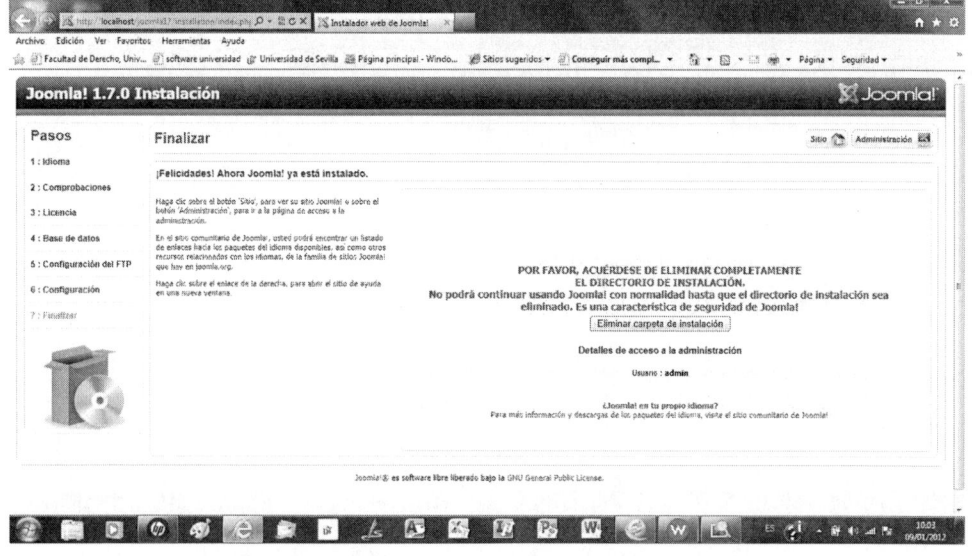

Figura 1.11. Eliminación del directorio de instalación de Joomla!

Capítulo 2

ADMINISTRACIÓN DE UN SITIO JOOMLA!

Si después de realizar la instalación visitamos con el navegador el URL *http://localhost/* y escogemos **Administrar la base de datos**, al desplegar la pestaña en el panel izquierdo nos encontraremos con la figura 1.4.

Si abrimos el URL *http://localhost/joomla17* tendremos la ventana de la figura 2.1.

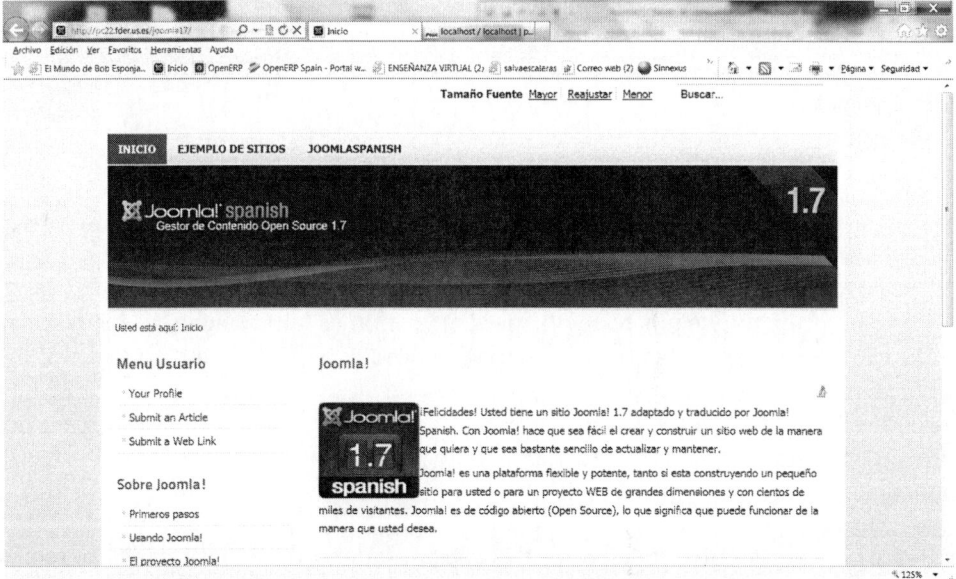

Figura 2.1. Página de inicio del sitio Joomla!

En el apartado **Este sitio** (del panel izquierdo) encontramos el enlace Superusuario del sitio (figura 2.2).

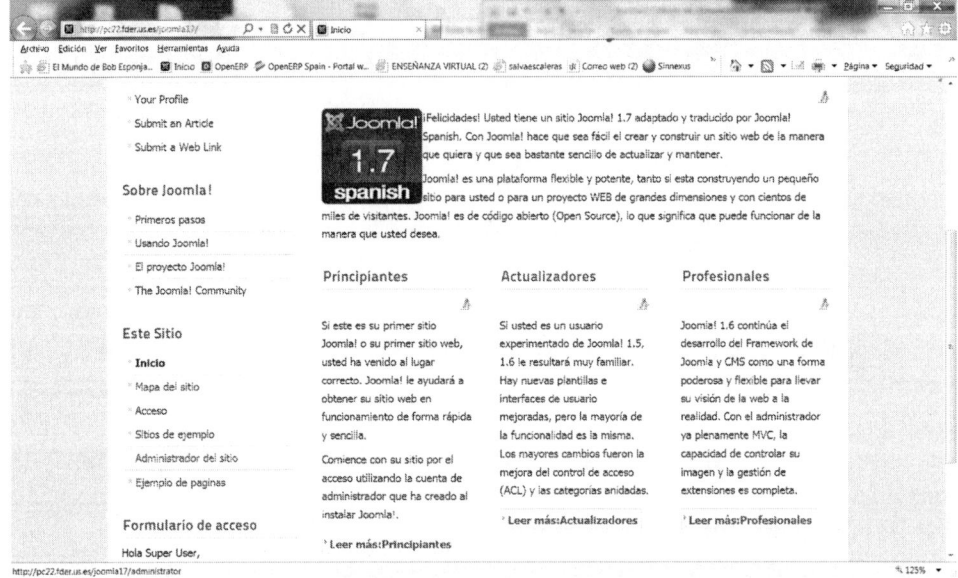

Figura 2.2. Enlace Superusuario del sitio

Con este enlace accederemos a una ventana (figura 2.3) en la que tras introducir el nombre de la cuenta de administración del sitio (admin) y la palabra de paso nos mostrará la página para gestionar el sitio Joomla! (figura 2.4).

2.1 PANEL DE CONTROL DEL SITIO

En la figura 2.4, como ya se ha comentado, encontramos la ventana para el Superusuario del sitio Joomla! (o Panel de control del sitio).

Lo primero que nos puede llamar la atención es la presencia de dos botones en la barra de herramientas (parte superior): conectados al *frontend* e identificados en la administración. De esta manera podemos llevar un control de los usuarios que han abierto una sesión y de cuántas sesiones son propias de la administración del sitio (démonos cuenta de que cualquier cambio que hagamos va a afectar inmediatamente a las visitas de posibles usuarios conectados al *frontend* del sitio).

Las tareas que puede realizar el usuario admin desde este panel podemos dividirlas en grupos determinados por la barra de opciones: Sitio, Usuarios, Menús, Contenido, Componentes y Extensiones.

Figura 2.3. Acceso a la cuenta del Superusuario del sitio Joomla!

Figura 2.4. Ventana para la administración del sitio Joomla!

Además se dispondrá de una serie de botones para:

- **Añadir un nuevo artículo**. Se trata esencialmente de añadir la información que se va a mostrar en el sitio web (para los usuarios conectados en *frontend*).

- **Gestionar los artículos**. El Superusuario tiene atribuciones para publicar (o despublicar) un artículo. Este privilegio también lo podrán ostentar otros perfiles de usuario conectados en *frontend* (como veremos más adelante).

- **Gestionar categorías**. Cada artículo pertenece a una categoría. Estas se organizan de manera jerárquica. Las categorías determinarán la estructura del sitio (o el mapa del mismo).

- **Gestionar multimedia**. Se trata (esencialmente) de subir o quitar imágenes para su posible uso en los artículos. Evidentemente el tipo de archivos va a ser cualquiera (siempre que se haga a través de un acceso al mismo y que el navegador disponga del complemento correspondiente para abrirlo).

- **Gestionar menús**. Los menús determinan la navegación y la distribución y función de los diversos componentes del sitio. Con el gestor de menús puede establecerse, por ejemplo, cuál será la página de inicio o la plantilla que se aplicará a cada página, etc.

- **Gestionar usuarios**. Mientras que el Superusuario (y los administradores y gestores) se ocupan de establecer los parámetros que rigen el sitio (sesiones *backend*), el resto de usuarios (públicos, autores, editores, etc.) pueden simplemente visitar el sitio o (si disponen de los privilegios adecuados), podrán añadir contenido al sitio.

- **Gestionar módulos**. Los módulos son pequeños bloques de contenido que se pueden mostrar en las posiciones de una página web.

- **Gestionar extensiones**. Mediante este gestor podremos añadir funcionalidad al sitio descargando de Internet módulos, *plugins*, plantillas e idiomas en forma de paquete .zip, para posteriormente instalarlos en nuestro servidor web.

- **Gestionar idiomas**. Podemos determinar cuál es el idioma por defecto del sitio.

- **Determinar la configuración global del sitio**. Aquí podremos obtener información de todos los parámetros del sitio y actualizar algunas funcionalidades como el disponer de un servidor FTP o SMTP.

- **Gestionar plantillas**. Como se ha indicado las plantillas determinan el estilo de las páginas web. En concreto desde este botón podremos actualizar las plantillas del sitio.

- **Edición del perfil del Superusuario**.

Nota: observe que siempre dispondrá de ayuda contextual. Bastará con que pase el puntero del ratón por la etiqueta correspondiente.

2.2 SITIO

Si escogemos **Sitio** se despliega un menú de opciones que se muestra en la figura 2.5.

Con la primera, Panel de Control, nos volvemos a encontrar con la ventana de la figura 2.4.

Mi perfil permite ver o actualizar el perfil del Superusuario (ver figura 2.6).

Así por ejemplo, el estilo de la administración (en el apartado Configuraciones básicas) permite cambiar la plantilla que se usará por defecto en las ventanas de Administración del sitio.

La figura 2.7 muestra el cambio producido al cambiar la plantilla a Hathor - Defecto.

2.2.1 Configuración global

Con esta opción podemos cambiar desde el nombre del sitio hasta (por ejemplo) la configuración del servidor de correo para enviar correos a los distintos usuarios de la herramienta.

2.2.2 Mantenimiento

Con esta opción podremos limpiar la caché o purgarla de artículos expirados. Es decir, se trata de gestionar los archivos que se importaron en su momento (para ser usados en cambios de plantillas, por ejemplo) y que están obsoletos.

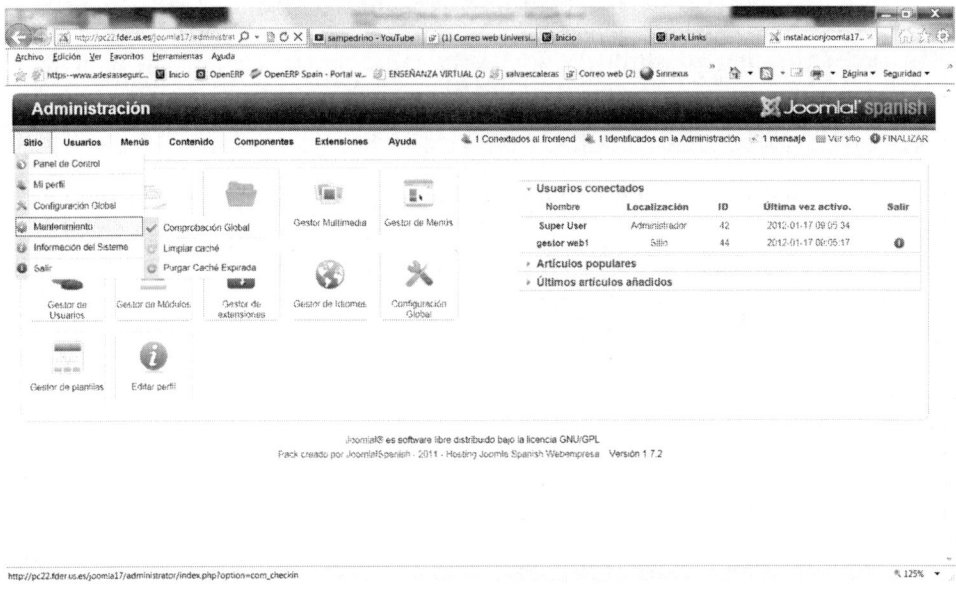

Figura 2.5. Añadir un artículo

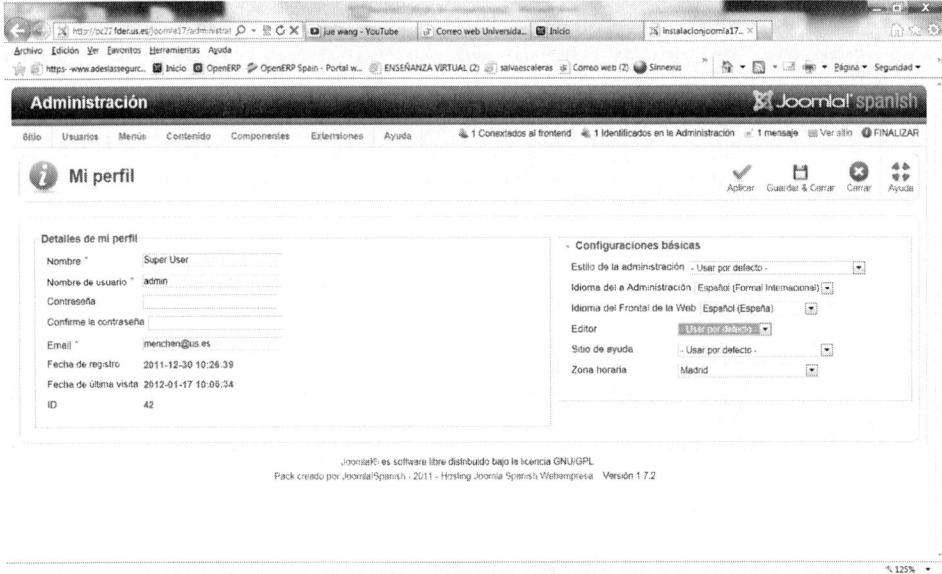

Figura 2.6. Perfil del Superusuario

Figura 2.7. Plantilla Hathor - Defecto aplicada a las ventanas de Administración

La diferencia entre limpiar la caché o purgarla es que con la segunda la operación se realizará individualmente para cada archivo.

2.2.3 Información del sistema

Si escogemos **Información del sistema** desde el menú **Sitio** podremos conocer el estado de todos los parámetros del mismo.

De todos los enlaces que encontraremos en la página correspondiente, quizás el más interesante sea el que nos muestra el contenido del archivo de configuración.

2.3 USUARIOS

Todos los usuarios del sitio deben tener asignada una cuenta con un perfil.

Mediante esta opción el Superusuario del sitio puede crear cuentas y grupos, establecer niveles de acceso o enviar un correo masivo a todos los usuarios.

2.3.1 Nuevo usuario

La ventana para añadir un nuevo usuario se muestra en la figura 2.8, donde se establece tanto el nombre completo (con el que será conocido el usuario) como el nombre de la cuenta (con el que inicia la sesión).

También deben establecerse otras variables como el Email y el grupo que tendrá asignado. Por defecto dicho grupo es Registrado.

Mediante el grupo se determina qué puede hacer o ver el usuario. Así podremos determinar si un usuario puede crear un artículo o cambiar las opciones de un componente del sitio.

También cuando creemos un objeto como un menú, a este se le asignará un nivel de acceso. Si el grupo del usuario no tiene acceso a dicho nivel, los usuarios del mismo no podrán ver el menú.

Los grupos están ubicados en una jerarquía de manera que todos los hijos heredan los permisos del grupo padre. De esta manera nos evitamos duplicar mucha información.

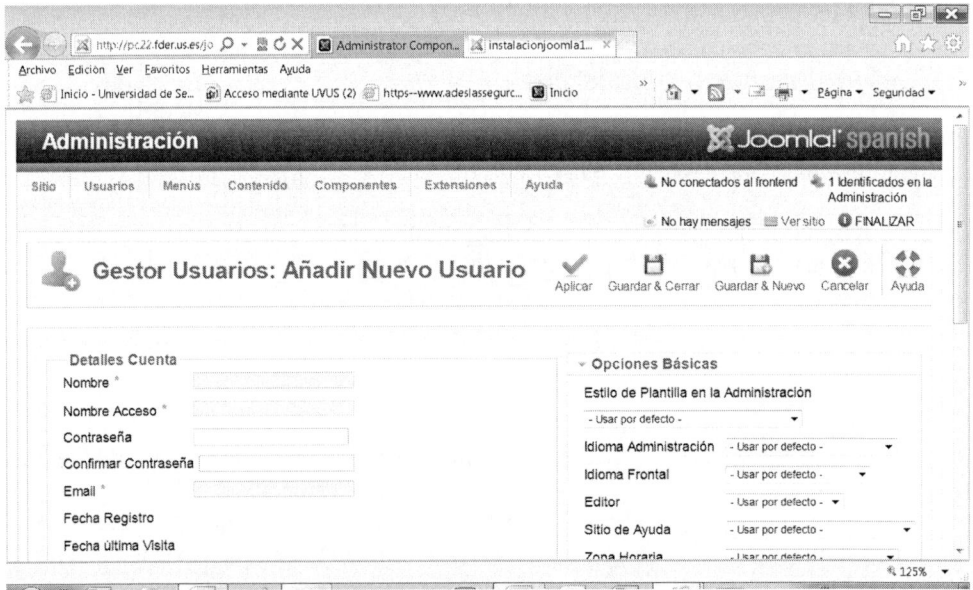

Figura 2.8. Nuevo usuario del sitio

La figura 2.9 muestra dicha jerarquía (predeterminada) en un sitio Joomla!.

Esto se traduce en que todos los usuarios heredarán permisos del grupo Público (el menos restrictivo). Observar como los Superusuarios pertenecen a un grupo que no tiene herederos (ya que disponen de muchos privilegios que en otro caso tendrán sus hijos).

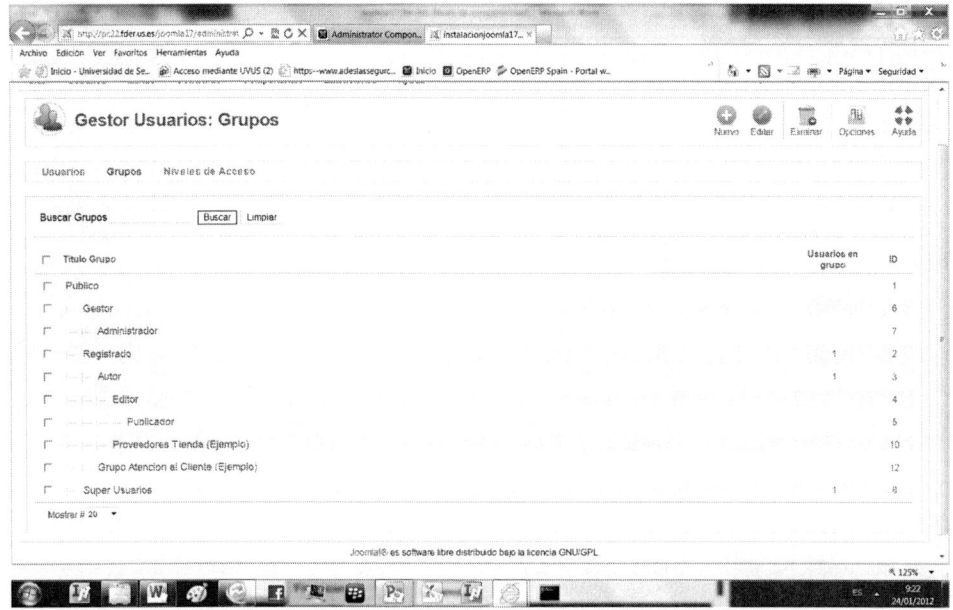

Figura 2.9. Grupos predeterminados en un sitio Joomla!

Para ver los permisos de los distintos grupos debemos hacer clic en el botón **Opciones** de la barra de herramientas (situada en la parte superior de la ventana). Escogeremos la pestaña **Permisos**.

La figura 2.10 muestra estas variables para el grupo Registrado.

2.3.2 Niveles de acceso

Como ya se ha dicho podemos establecer para los objetos que creemos niveles de acceso. De esta manera solo los usuarios de los grupos que determinemos que tienen este nivel de acceso podrán ver dichos objetos.

La figura 2.11 muestra los grupos del nivel de acceso Especial. Esto es: Gestor, Autor y Superusuarios.

2.4 MENÚS

Son los componentes que permiten a los usuarios navegar por el sitio.

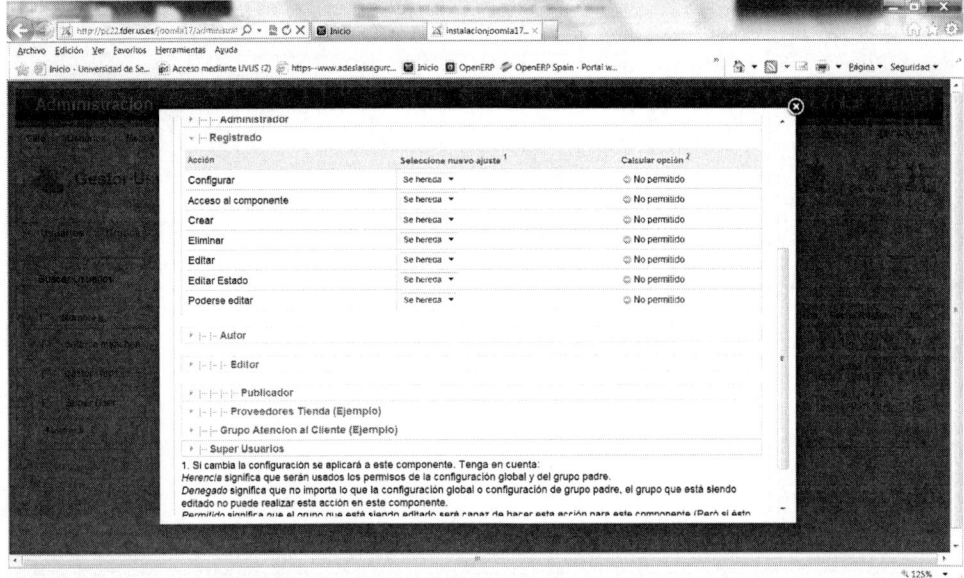

Figura 2.10. Permisos para el grupo Registrado

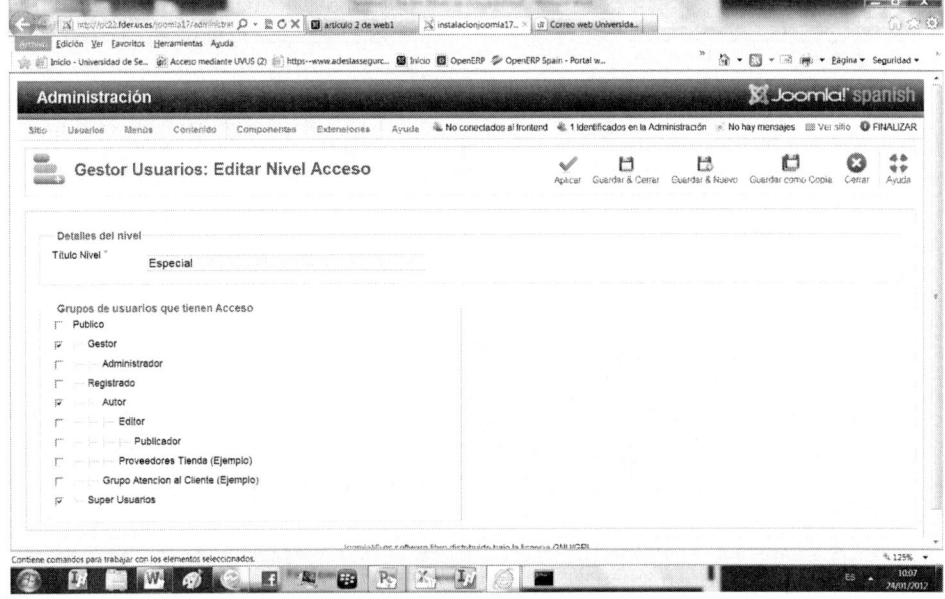

Figura 2.11. Nivel de acceso Especial

2.4.1 Añadir nuevo menú

El proceso es el siguiente:

• Añadir un nuevo menú con la opción correspondiente (lo llamaremos menú1)

• Añadir uno o más elementos menú1. Estos serán de un tipo específico.

Una vez creado un nuevo menú se mostrará como uno de los elementos de Menús (ver figura 2.12).

Un detalle interesante es que en la barra de herramientas encontraremos un botón en forma de estrella. Con dicho botón y escogiendo antes un elemento del menú creado (o ya disponible) haremos que sea la página de inicio del sitio Joomla!

Haga una prueba escogiendo el menú para la Tienda de Frutas. Haga clic en el elemento **Bienvenido** y clic en la estrella (ver figura 2.13).

Ahora, si desde otra ventana del navegador va a *http://localhost/joomla17* (se supone que es la página de inicio) verá algo como la figura 2.14.

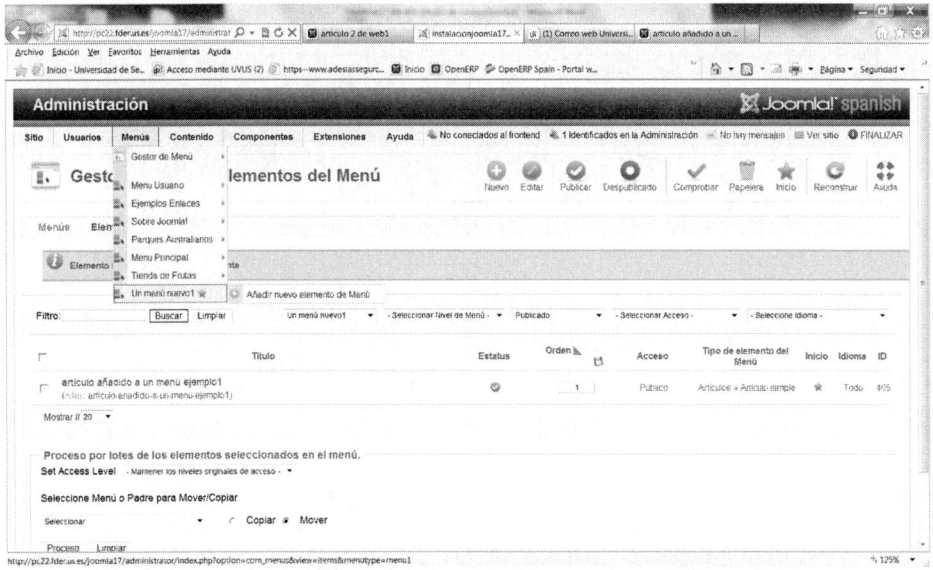

Figura 2.12. Añadir elemento a menú1

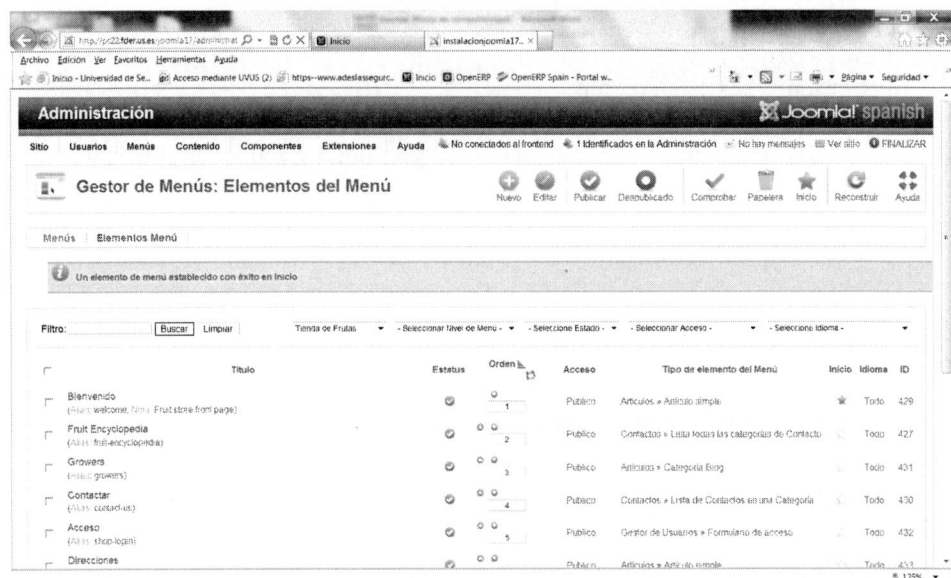

Figura 2.13. La página de inicio es el elemento del menú Bienvenido

Figura 2.14. El elemento Bienvenido del menú Tienda de Frutas es la página de inicio

Al añadir un elemento a un menú se nos mostrará una ventana con barras deslizantes para escoger el tipo de elemento de menú (ver figura 2.15).

2.5 CONTENIDO

En esta opción se encuentra el componente más usual de un sitio Joomla!: los artículos.

Los artículos se clasifican en secciones y estas en categorías. De tal manera que podremos ver artículos relacionados juntos utilizando estas dos clasificaciones.

Cualquier artículo se puede editar haciendo clic sobre el nombre o sobre el botón **Editar** de la barra de herramientas.

El editor por defecto de los artículos es TinyMCE. Es del tipo WYSIWYG (editamos lo que veremos finalmente: *What You See Is What You Get*). Y su aspecto puede verse en la figura 2.16.

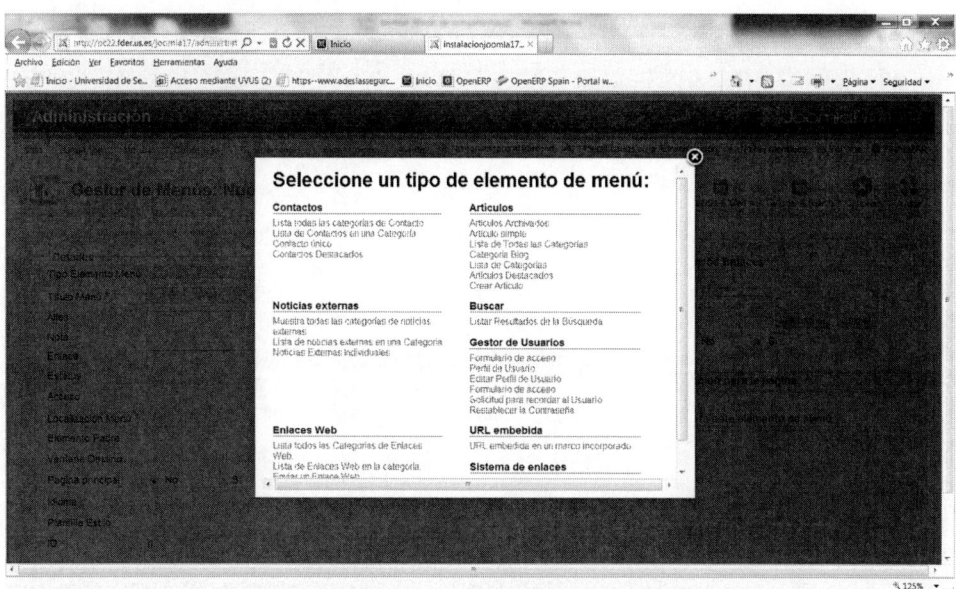

Figura 2.15. Tipos de elementos de menú

2.5.1 Artículos destacados

En el diseño de *blogs*, los artículos destacados se añaden al principio del *blog*. La etiqueta de destacado se le coloca con un clic sobre la columna de características en el **Gestor de artículos**.

2.5.2 Gestor multimedia

Mediante esta opción podemos subir o quitar imágenes o *banners* al directorio donde se importarán a un artículo si así lo determinamos (ver figura 2.17).

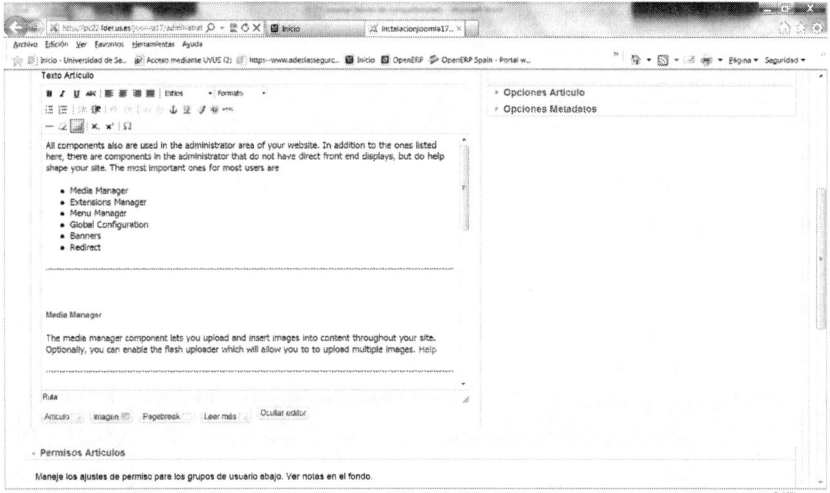

Figura 2.16. Editor de artículos por defecto

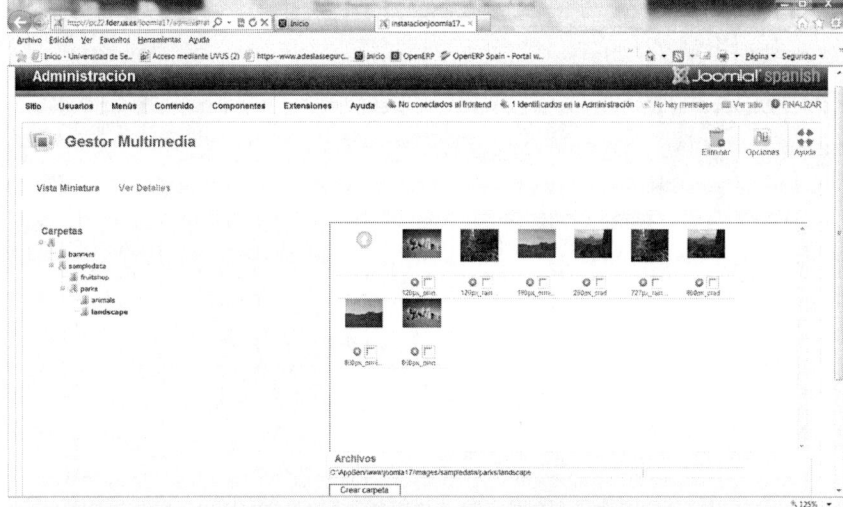

Figura 2.17. Imágenes de paisajes que utiliza el sitio Parques Australianos

Encontraremos un gestor completo de carpetas que podremos crear y donde almacenaremos de forma ordenada nuestras imágenes y *banners*.

2.6 COMPONENTES

Dentro de este apartado se incluyen *banners*, estadísticas de búsqueda de términos, contactos, enlaces web, mensajería instantánea y redireccionamientos.

2.6.1 Gestor de banners

Un *banner* es un elemento muy común en una página web. Están diseñados utilizando imágenes (iconos) que resulten atractivos al visitante y suelen direccionar a otras páginas web donde se amplía cierta información relacionada con el mismo (en muchos casos la información es publicitaria).

La figura 2.18 muestra tres *banners* incluidos en la base de datos ejemplo que se instala en Joomla!

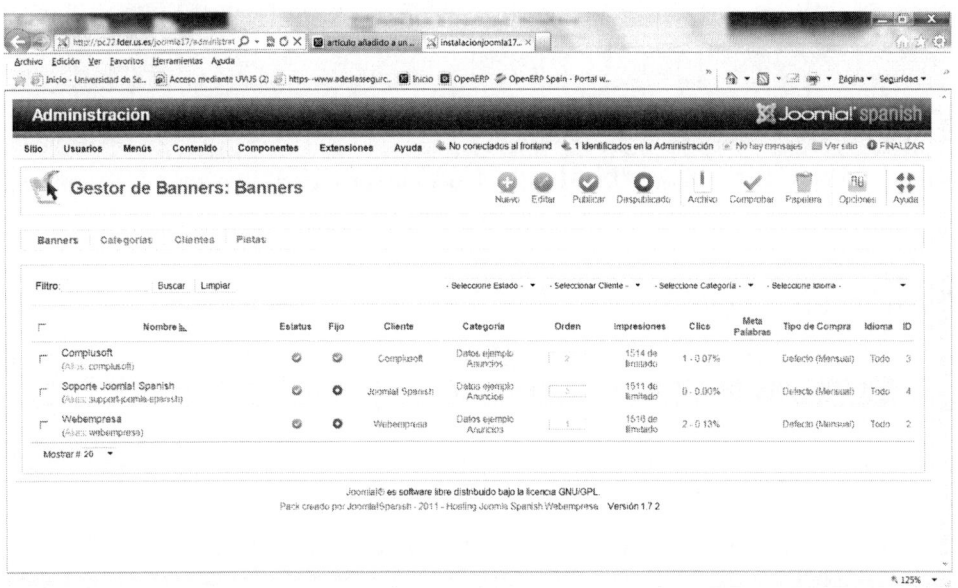

Figura 2.18. Tres banners ejemplo

Así, el primer *banner* de la lista es el *banner* Complosoft que lleva a la página *http://complusoft.es*.

Los *banners* también pueden agruparse en categorías (y así listarlos agrupándolos según dichas categorías).

El *banner* cliente añade datos del cliente al que va destinado el *banner*, y las pistas nos permiten controlar los accesos al *banner*.

2.6.2 Contactos

Mediante esta opción podremos gestionar la mensajería con la mensajería que aparece en nuestro sitio Joomla!.

2.6.3 Enlaces web

Este gestor permite editar, borrar y añadir enlaces web desde nuestro sitio Joomla!.

2.6.4 Mensajería

Aquí podrá el Superusuario poner un mensaje privado a los usuarios registrados del sitio. También podrá realizar todo tipo de manipulaciones con los mensajes: leerlos, borrarlos o actualizar algunas de las opciones para los grupos de usuarios.

2.6.5 Noticias externas

Cuando otros sitios Joomla! hacen anuncios o emiten noticias, con este gestor podremos editarlas en nuestro sitio Joomla!.

2.6.6 Redireccionar

Es un mecanismo que permite redireccionar a una web actual una web que ha dejado de utilizarse.

2.7 EXTENSIONES

Ejemplos de extensiones son módulos, *plugins*, plantillas e idiomas.

Con el Gestor de extensiones podremos instalarlas en nuestro sitio Joomla!.

Las extensiones tienen como finalidad aumentar la funcionalidad del sitio. De esta manera podremos aumentar las capacidades del mismo.

2.7.1 Módulos

Un módulo se usa típicamente para mostrar un pequeño elemento a lo largo de múltiples páginas. Un ejemplo son los menús y los componentes de los mismos.

Mediante el Gestor de módulos podremos añadir o quitar módulos del sitio Joomla!.

2.7.2 Plugins

Un *plugin* es un programa que se ejecuta cuando ocurre algún suceso dentro del sitio Joomla!.

Así, al abrir una sesión de Edición, se ejecutará un editor.

2.7.3 Plantillas

Una plantilla controla la forma en que se muestra un contenido en la Web, incluyendo la localización y diseño, los colores, las fuentes, etc.

2.7.4 Extensiones de idioma

Mediante las extensiones de idioma podremos cambiar el idioma de nuestro sitio sin que esto suponga cambios internos que afecten a otras partes del sistema.

En los capítulos que siguen detallaremos algunos de los componentes que se han presentado aquí.

Capítulo 3

GESTOR DE MENÚS

No veremos un sitio desde una sesión *frontend* (usuarios del grupo Público) mientras no dispongamos del Menú Principal.

Así, si hacemos una instalación limpia de Joomla!, veremos desde la sesión *backend* del Superusuario (o del Administrador, que es un Superusuario con menos privilegios) que en el Gestor de menús nos aparece la imagen de la figura 3.1.

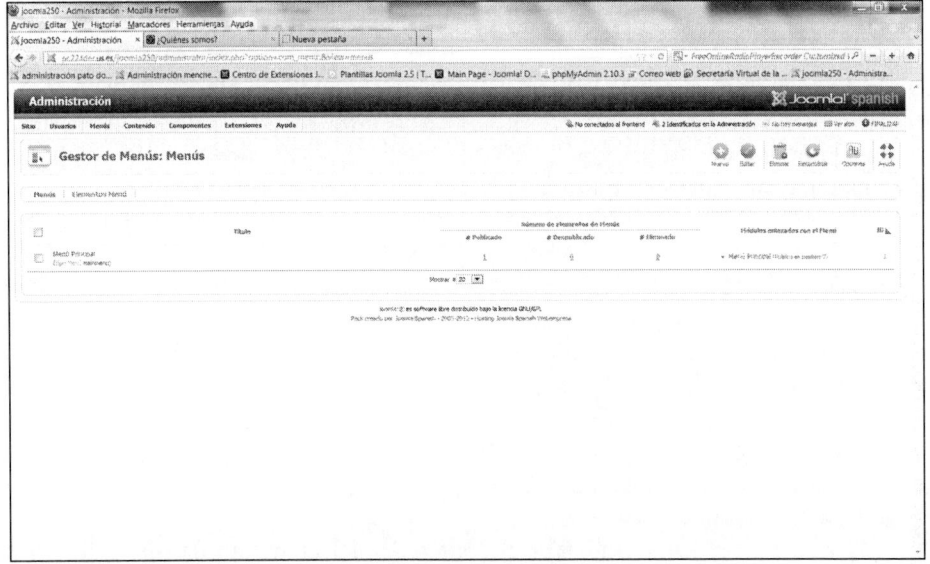

Figura 3.1. Gestor de menús con una instalación limpia

De esta manera, si hacemos clic sobre el botón de la barra de herramientas superior (donde pone **Ver sitio**), se nos abrirá una nueva ventana en el navegador como la de la figura 3.2, mostrando el contenido de Menú Principal.

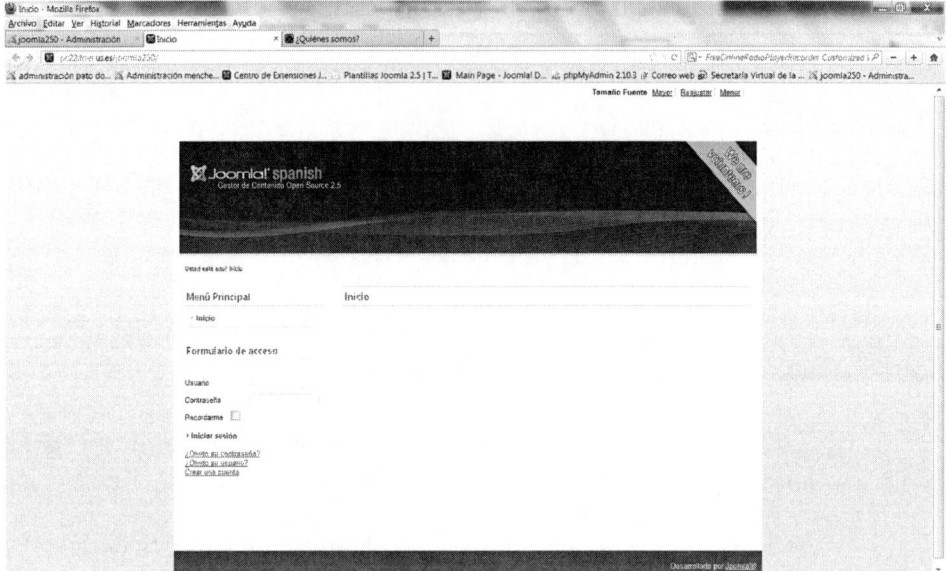

Figura 3.2. Contenido del Menú Principal en un sitio limpio

3.1 ELEMENTOS DE MENÚ

Cualquier menú debe contener elemento (de menú) para funcionar.

Démonos cuenta de que el Menú Principal no es más que un nombre, un tipo y una descripción (ver figura 3.3).

Por lo tanto un menú en un sitio Joomla! es un contenedor de elementos (de menú).

Los que establecen la funcionalidad y se muestran en el sitio (mediante módulos) son los elementos de menú.

Así, el Menú Principal de un sitio limpio tiene un elemento de menú que se suele llamar Inicio (a menos que le cambiemos el nombre).

En la figura 3.4 se muestra el contenido del elemento de menú Inicio del Menú Principal.

Figura 3.3. El Menú Principal

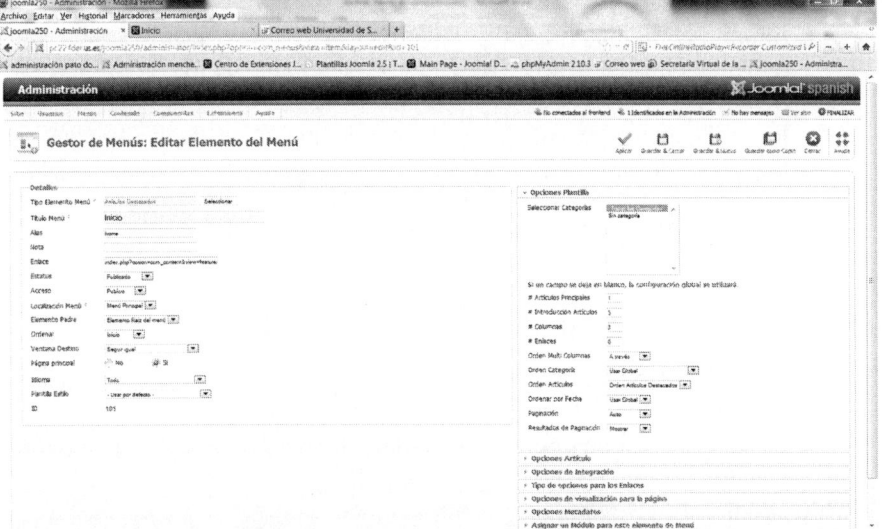

Figura 3.4. Edición del elemento Inicio del Menú Principal

Básicamente se está declarando el tipo del elemento de menú, el nombre (o título) del mismo, y la localización (de qué menú es elemento).

Otros parámetros que pueden actualizarse son:

- El estado (si está publicado o no). Si está despublicado no aparecería en el sitio (de todas formas no se puede despublicar el menú por defecto).

- Nivel de acceso. Por defecto es Público (lo ven los que visitan el sitio). Si lo cambiamos a Restringido o Especial, requeriría un inicio de sesión para poder ver Inicio.

- El elemento padre establece una jerarquía de manera que se mostraría a través del padre. En este caso se trata de un Elemento raíz del menú (Menú Principal).

- Ordenar hace activo el elemento que escojamos (en este caso Inicio es el único).

- Ventana destino permite abrir o no otra ventana para mostrar el elemento de menú.

- Principal o no establece si se trata de la página (elemento) que se muestra cuando se muestra el menú.

- Idioma es la posibilidad de cambiar entre los distintos idiomas que tengamos instalados (no traduce los contenidos de los artículos).

- Plantilla estilo permite que se utilice una plantilla u otra de las que tenemos instaladas para el sitio. Dicha plantilla establece entre otras acciones la distribución de los distintos componentes de la página (artículos, menús y módulos).

3.1.1 Elemento de menú Artículo destacado

Aunque nos hemos dejado algunos campos y opciones del panel derecho en la edición del elemento de menú (los detallaremos en su momento), es muy interesante comentar con qué tipos de elementos de menú contamos en Joomla!.

Por lo pronto observamos que Inicio es del tipo Artículos destacados en un sitio limpio.

Los artículos (que estudiaremos en el capítulo siguiente) constituyen el contenido más relevante de las páginas web.

Por ejemplo, si se desea que el sitio muestre la información ¿quiénes somos? nada más abrirse, crearemos un artículo con el título ¿quiénes somos? y escribiremos en su cuerpo (ya nos extenderemos en esto) la información que se va a ver cuando abramos el sitio.

Véase en la figura 3.5 el ejemplo con nuestro sitio limpio donde se ha creado un artículo destacado ¿Quiénes somos?

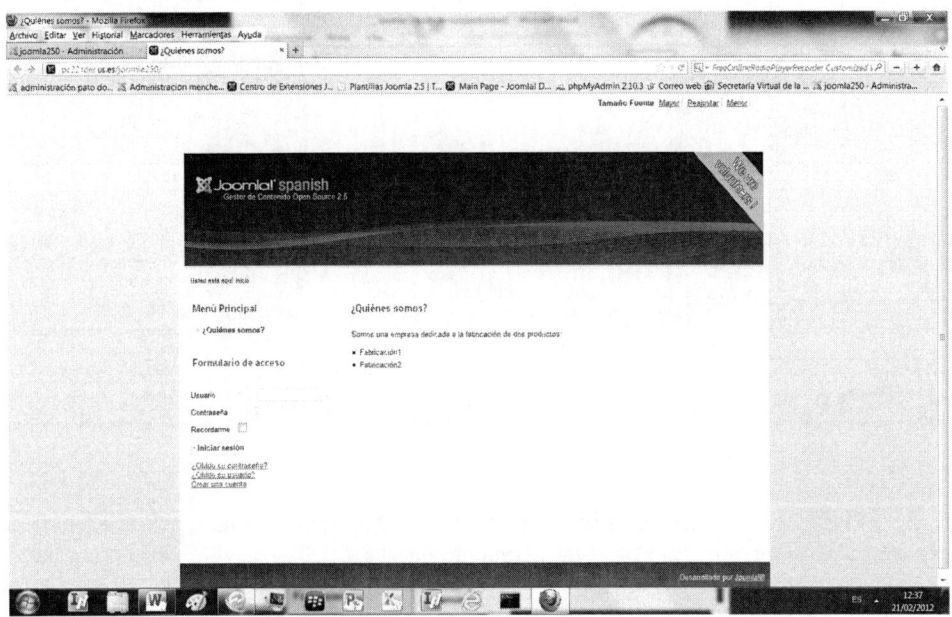

Figura 3.5. Artículo destacado ¿Quiénes somos?

De todas formas hemos tenido que manipular algunas de las opciones para el artículo en el panel derecho del elemento de menú ¿Quiénes somos? (antiguo Inicio). Como por ejemplo, ocultar Nombre, Categoría, Iconos de impresión o Email, etc.

Como diremos en repetidas ocasiones, para indicar que un artículo es destacado bastará con hacer clic en la estrella blanca sobre fondo azul que se encuentra en la columna destacada del artículo (obtenido con **Gestor de artículos**).

Otro tipo de elemento de menú muy utilizado es el de Categoría blog.

3.1.2 Elemento de menú Categoría blog

Si en la ventana de edición del elemento de menú ¿Quiénes somos? (figura 3.4) hacemos clic sobre **Seleccionar** (en el tipo de elemento de menú) obtendremos la imagen de la figura 3.6.

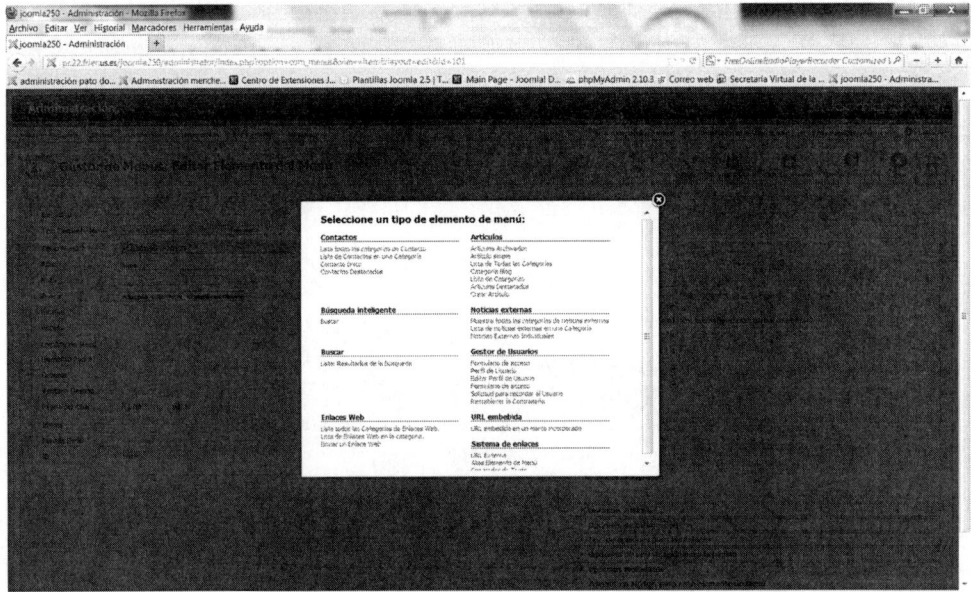

Figura 3.6. Distintos tipos de elemento de menú

Si escogemos **Categoría blog** el panel derecho cambiará y nos aparecerá un campo con una pestaña para elegir una categoría.

Aunque aún no hemos estudiado el concepto de categoría, veremos que juega un papel muy importante en el diseño de un sitio Joomla!.

De hecho, se aplica a muchos componentes del mismo (artículos, contactos, enlaces y noticias).

Se trata de establecer una jerarquía de artículos (si son categorías para artículos), de manera que podamos agruparlos y realizar operaciones sobre los mismos.

Como en nuestro sitio limpio no tenemos categorías veremos que la única opción será afirmar que ¿Quiénes somos? es del tipo Categoría blog para artículos sin categoría (es la categoría por defecto).

Esto tiene el efecto de que todos los artículos que creemos sin asignarles categoría se mostrarán con ¿Quiénes somos? como si de entradas de un *blog* se tratase (si no caben en una página se incluirá un enlace para el siguiente (y otro para el anterior).

Naturalmente este tipo de elemento de menú no está pensado para el elemento ¿Quiénes somos?, sino para un elemento como Novedades, donde los publicadores del sitio (no tienen por qué ser administradores) con permiso para crear artículos, modificarlos y publicarlos, van añadiendo en forma de artículos de *blog* las últimas innovaciones de la empresa o el negocio que está representado en estas páginas web.

Sería conveniente en este caso crear una categoría que fuese novedad (o noticia) y hacer que los artículos que vayan a mostrarse sean de dicha categoría.

Démonos cuenta de que cuanto más complejo o extenso sea un sitio más relevante se va a mostrar la necesidad de categorizarlo.

Ya veremos repetidos ejemplos de esto que estamos diciendo en capítulos posteriores.

3.1.3 Elemento de menú Artículo simple

Constituye la forma más básica de añadir contenido a un sitio. Si seleccionamos este tipo de elemento de menú, en el panel derecho se nos va a solicitar (necesariamente) el artículo que se verá cuando sea activo el elemento de menú.

3.1.4 Elemento Crear artículo

Elegiremos **Crear artículo** en el tipo de elemento de menú cuando se trata de un elemento de menú que tiene acceso Registrado o Especial, y el usuario que accede sea del grupo Autor (también puede ser Editor o Publicador).

En el capítulo dedicado a un sitio para la guardería El Pato Donald - 2 veremos un ejemplo de esto.

3.1.5 Otros tipos de Elemento de menú para artículos

También encontramos otros tipos como Lista de categoría o Lista de todas las categorías. Estos tipos los utilizaremos para crear un enlace a los artículos (agrupados) por las distintas categorías que hayamos creado.

Vea en la figura 3.7 un ejemplo de Lista una categoría (Cuenta cuentos) para la web de la guardería comentada y el elemento de menú es *¿Quiénes somos?* (aunque en este caso no resulta un ejemplo muy consistente).

Figura 3.7. ¿Quiénes somos? como Lista categorías (Cuenta cuentos)

Y en la figura 3.8 se muestra la imagen cuando hacemos clic en **¿Quiénes somos?** del tipo Lista para todas las categorías.

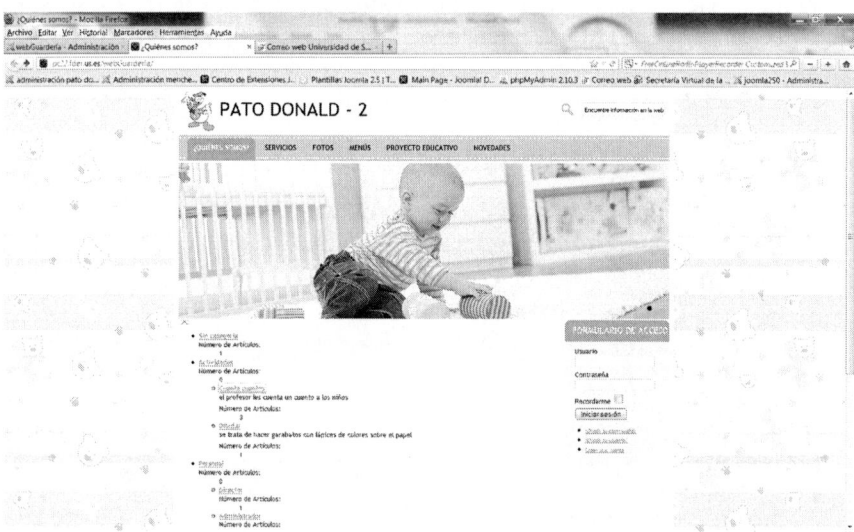

Figura 3.8. ¿Quiénes somos? del tipo Lista para todas las Categorías

Por último, para artículos tenemos el tipo Artículos archivados. Se trata de obtener un listado de todos los archivos que pasaron de una sesión *backend* a almacenarse en el sitio (están despublicados y se quieren mostrar).

Archivar un artículo es tan fácil como escogerlo (en el listado que aparece con el Gestor de artículos) y hacer clic en el botón de la barra de herramientas superior que se titula **Archivo**.

3.1.6 Elemento de menú Contacto único

Entre los componentes de un sitio Joomla! se encuentran los contactos.

Al igual que se ha dicho para los artículos, los contactos también se deben categorizar (si el sitio es extenso o complejo).

En general, las categorías (y subcategorías) van a venir dadas por el directorio de las personas que están relacionadas con el sitio.

Así en la guardería antes citada podemos tener contactos que sean de la categoría Educadores infantiles (Sra. Alicia y Sra. Roge), y otros que sean de la categoría directora (Sra. Mariló).

Una vez creados estos contactos un menú para la Sra. Alicia se obtendría con el tipo Contacto único (ver figura 3.9).

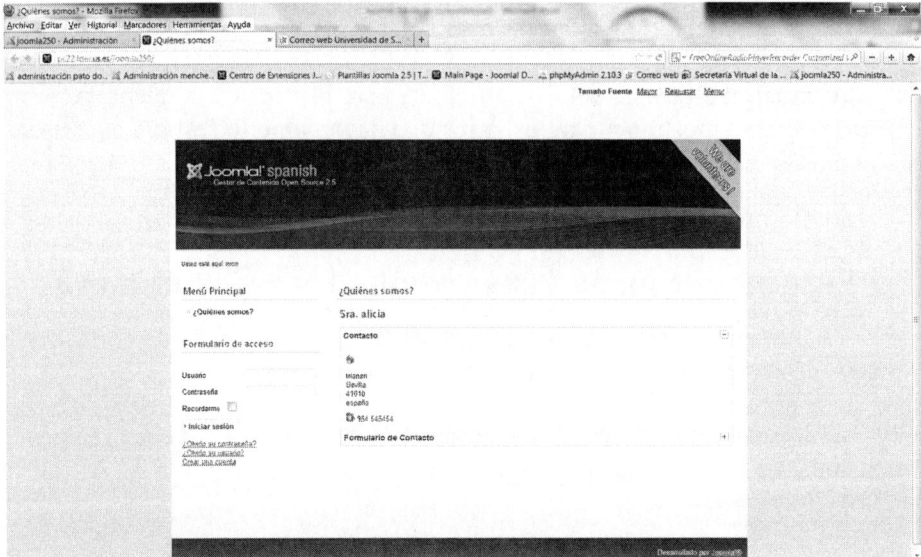

Figura 3.9. Contacto único

Los datos que aparecen en el contacto se obtienen rellenando algunos campos en el panel derecho de la edición del contacto (Detalles del contacto).

Con el formulario de acceso puede enviarse un email al contacto (utilizando el servidor de correo del sitio que previamente habremos instalado).

3.1.7 Otros elementos de menú para contactos

Es evidente que los tipos Lista todas las categorías de contactos y de una categoría son similares a los homólogos vistos en los artículos.

También disponemos de un tipo que es Contactos destacados.

La manera de establecer si un contacto es destacado es muy parecida a la que detallamos con los artículos.

3.1.8 Elemento de menú Enlace Web

Con un enlace web podremos disponer en un sitio Joomla! de enlaces que nos lleven a distintas páginas de Internet (entre ellas las de nuestro sitio: *http://localhost/<...>*).

También es interesante (si el sitio lo requiere) categorizar los enlaces web.

Aquí disponemos de dos tipos que utilizaremos si queremos listar los enlaces de una categoría o de todas las categorías.

Al igual que ocurría con los artículos, para elementos de menú de acceso Registrado (que se mostrarán para usuarios que hayan abierto sesión), si el usuario tiene permisos para crear un enlace web, podremos hacer que el tipo de elemento sea enviar un enlace web.

3.1.9 Elemento de menú Listar resultados de la búsqueda

Establece una caja de búsquedas en el sitio web con opciones par filtrar los resultados de contenidos que se encuentren en el sitio.

La imagen de la figura 3.10 muestra qué resultados se encuentran cuando introducimos la cadena Alicia (y hay un contacto que se llama Sra. Alicia, por ejemplo).

Figura 3.10. Elemento Listar resultados de búsqueda

3.1.10 Elemento de menú Formulario de acceso

Ya vimos al comienzo de este capítulo que un sitio limpio de Joomla! muestra en su parte izquierda un formulario de acceso.

El aspecto del mismo es el típico de entrada a una sesión: dos campos para el nombre y la palabra de paso y tres enlaces para recordar la contraseña, el usuario o crear una cuenta nueva.

Aquí debemos meternos a estudiar un componente al que aún no hemos dado demasiado detalle: el módulo.

En efecto, si nos vamos al **Gestor de módulos** observaremos que existen 4 módulos publicados que conforman el aspecto de la página de inicio (además de los componentes de la plantilla Business5). Ver figura 3.11.

Dichos módulos tienen como efecto que aparezca en diversas posiciones de la plantilla una aplicación diseñada con un fin particular.

En concreto si despublicamos el módulo Formulario de acceso y hacemos clic en **Ver sitio**, nos encontramos con la figura 3.12.

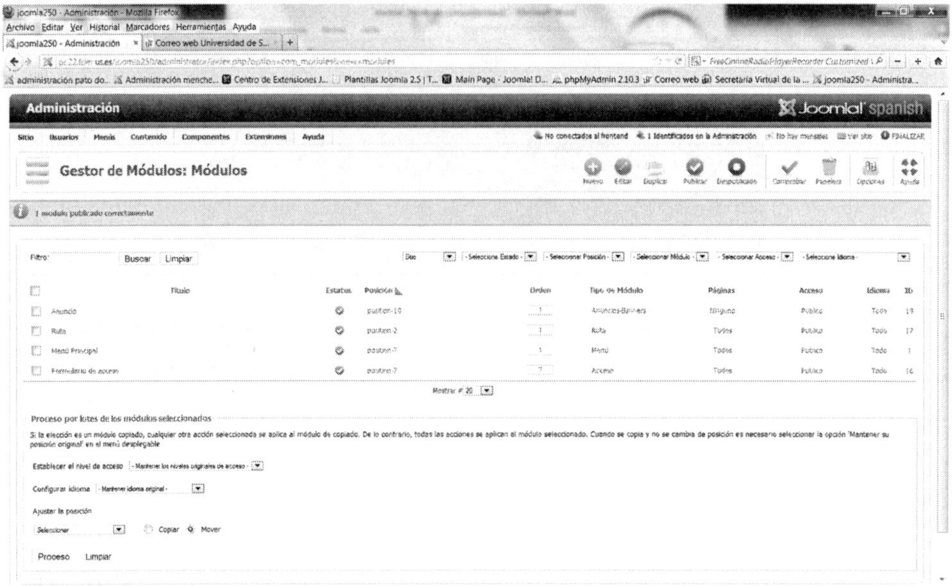

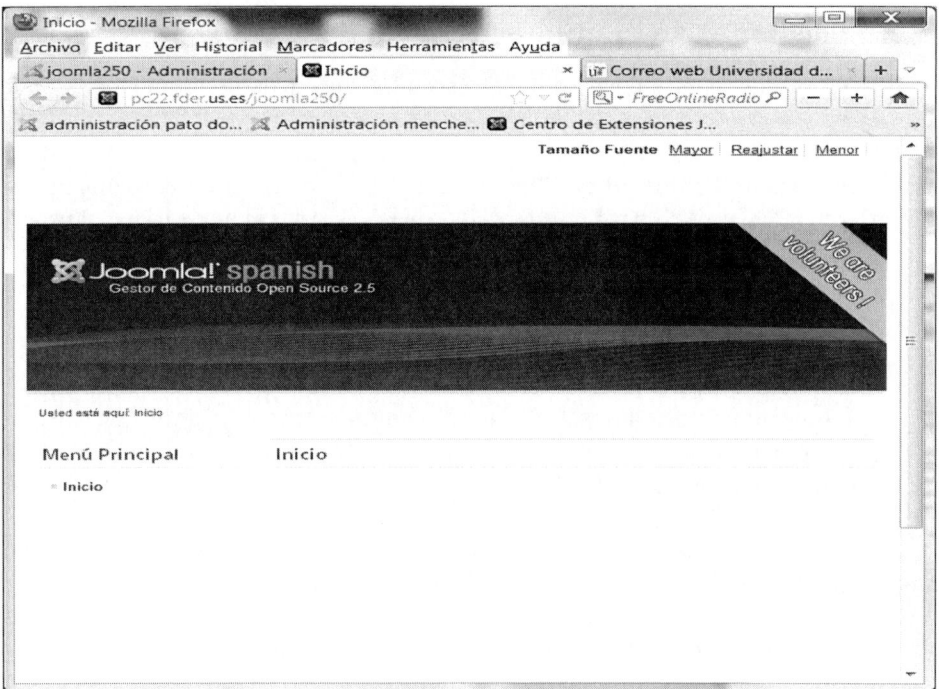

Figura 3.11. Módulos publicados en el sitio

Figura 3.12. Página de Inicio sin el Formulario de acceso

Por lo tanto, si hacemos que un elemento de menú sea del tipo Formulario de acceso lo que obtendremos será un menú para abrir sesión un usuario Registrado.

La posición (*position*) es importante y depende de cada plantilla. Ya volveremos sobre esto cuando veamos los módulos y las plantillas.

3.1.11 Elemento de menú Perfil de usuario

Si el elemento de menú es del tipo Perfil de usuario, se mostrará un Formulario de acceso (para que inicien sesión los usuarios registrados) y, al entrar se les mostrará su perfil y un enlace para editar el mismo.

3.1.12 Elemento de menú Editar perfil de usuario

Se trata de un tipo similar al anterior solo que en vez de mostrarse el perfil directamente se edita el mismo.

3.1.13 Elemento de menú Solicitud para recordar al usuario

Se trata de un mensaje automático del tipo:

Hola,

Un recordatorio de nombre de usuario ha sido solicitado para su cuenta joomla250.

Su usuario es admin.

Para acceder a su cuenta, haga clic en el enlace de abajo.

http://pc22.fder.us.es/joomla250/index.php/component/users/?view=login

Gracias.

De manera que al usuario se presenta una página como la de la figura 3.13 donde se le solicita su dirección de correo y recibirá un correo del estilo al anterior.

El servidor de correo se instala en **Sitio -> Configuración global -> Servidor -> Configuración E-Mail** dando los parámetros correctos.

3.1.14 Elemento de menú Restablecer contraseña

Es similar al anterior solo que el usuario recibirá en su cuenta de correo un código de verificación que deberá introducir junto con su nombre siguiendo el enlace que se le facilita en un correo.

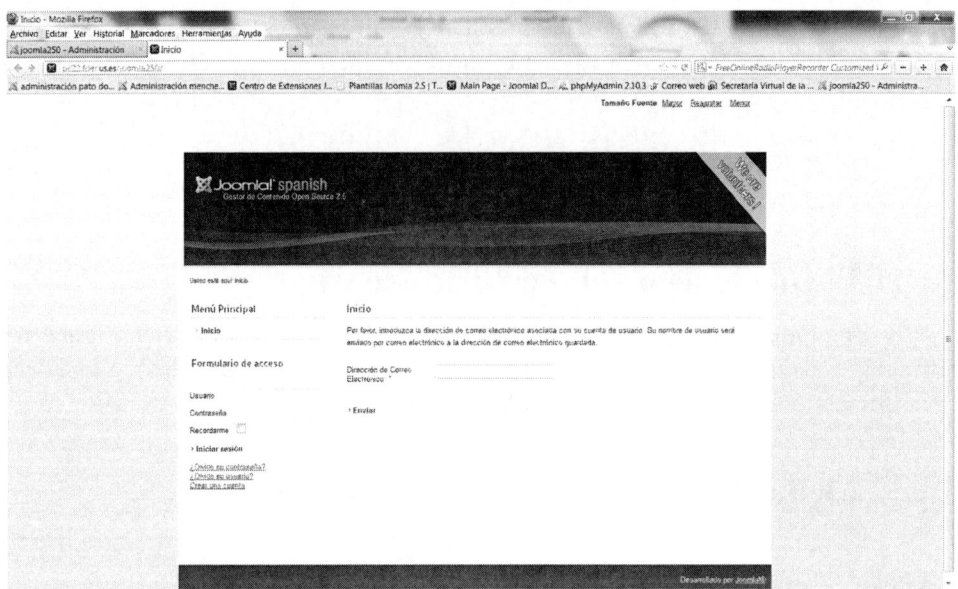

Figura 3.13. Elemento del tipo solicitud para recordar al usuario

El correo que recibirá el usuario será parecido a:

Hola,

una solicitud se ha realizado para restablecer la contraseña de la cuenta joomla250. Para restablecer su contraseña, tendrá que enviar el código de verificación con el fin de verificar que la solicitud es legítima.

El código de verificación es 43d967646f7102a44063ad4d1ee44e22

Haga clic en la URL de abajo para introducir el código de verificación y poder restablecer su contraseña.

http://pc22.fder.us.es/joomla250/?layout=confirm

Gracias.

La figura 3.14 muestra la ventana para introducir el nombre de usuario y el código de verificación.

El último paso es dar una nueva contraseña (con su confirmación). Ver figura 3.15.

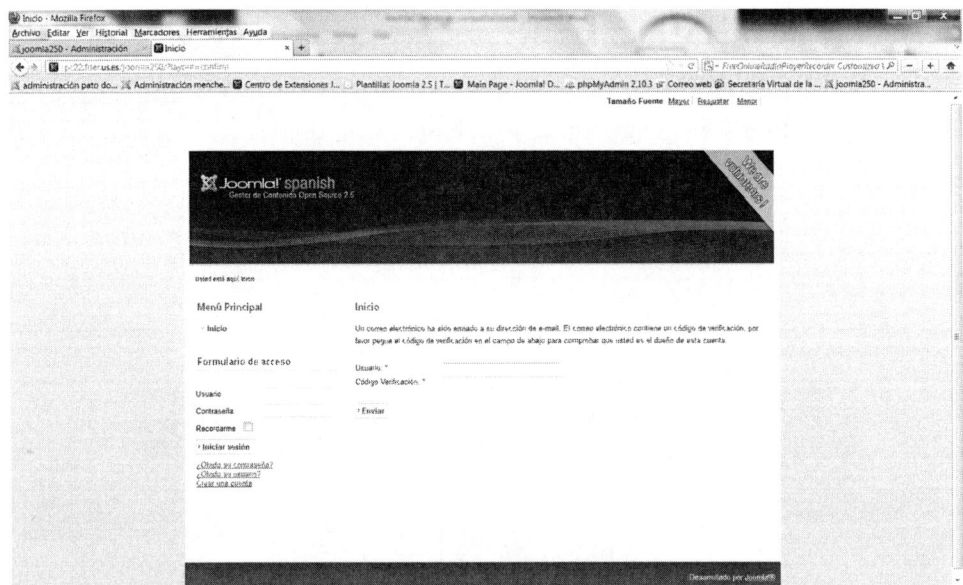

Figura 3.14. Restablecer contraseña

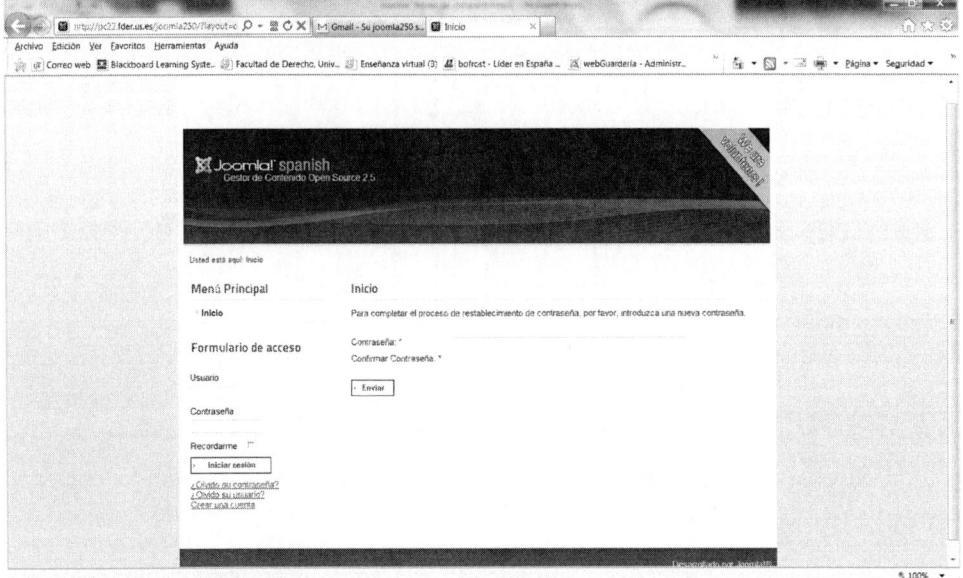

Figura 3.15. Nueva contraseña para el usuario

3.1.15 Elemento de menú URL embebida en un marco incorporado

Es una forma de incorporar una web a un sitio de manera que la página se va a ver dentro de un marco (con barras de deslizamiento).

La figura 3.16 muestra un ejemplo donde el URL es *http://www.lsi.us.es.*

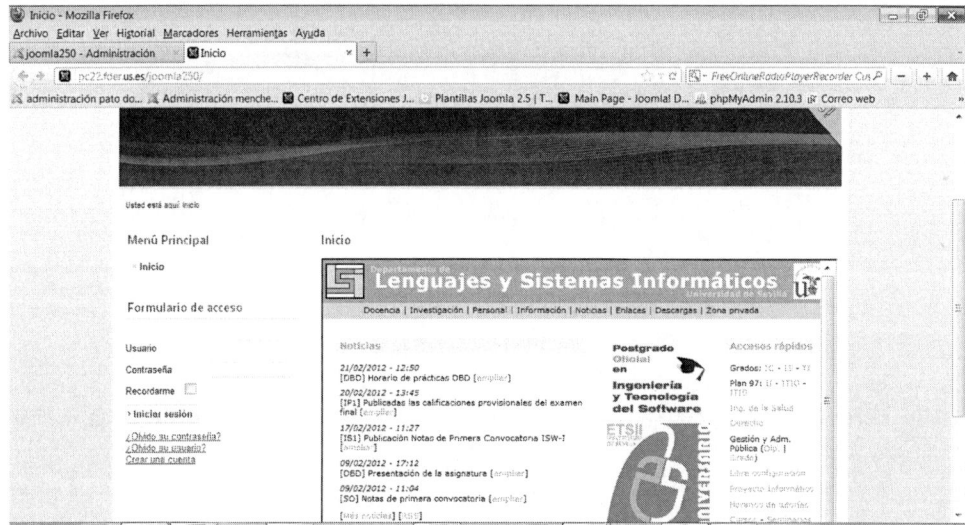

Figura 3.16. URL embebido en la página de Inicio

3.1.16 Alias Elemento de Menú

Este tipo de elemento de menú permite establecer un vínculo que nos lleva a otro elemento de menú existente (de ahí el nombre de Alias).

3.2 MÓDULOS ENLAZADOS CON EL MENÚ

Si observamos la figura 3.17, Menú Principal tiene un módulo enlazado que se llama Menú Principal y que se sitúa en position-7 de la plantilla.

Si seguimos el enlace del módulo, obtendremos la figura 3.18 donde se nos describe el módulo (su funcionalidad, que en este caso es la de mostrar el menú en la parte delantera del sitio), y si bajamos con la barra de deslizamiento vertical encontramos una serie de pestañas que nos permiten asignar el módulo a todas las páginas, a ninguna, a las seleccionadas y a todas excepto las seleccionadas.

La idea es determinar dónde queremos hacer visible este módulo. Por defecto está en todas las páginas. Sin embargo no siempre es conveniente esta opción.

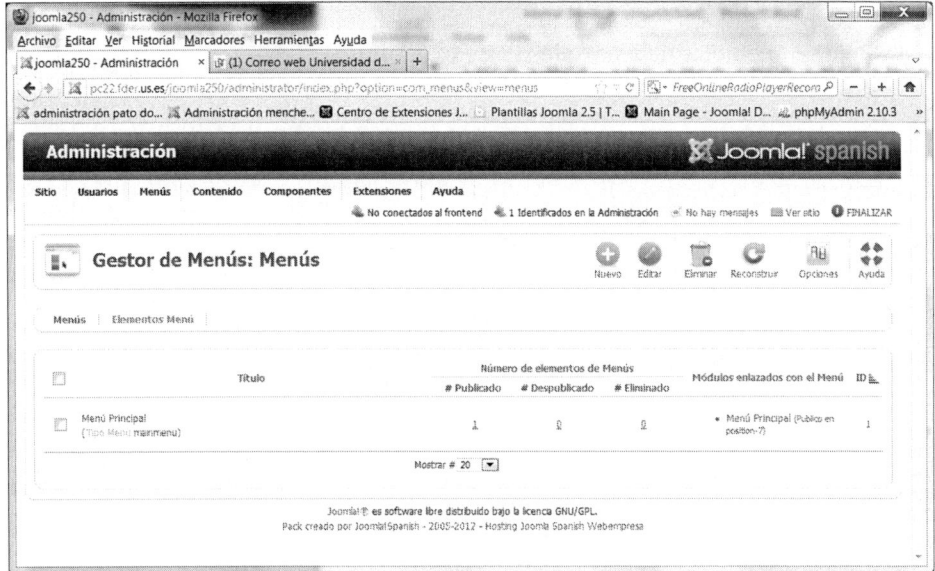

Figura 3.17. Módulo enlazado a Menú Principal

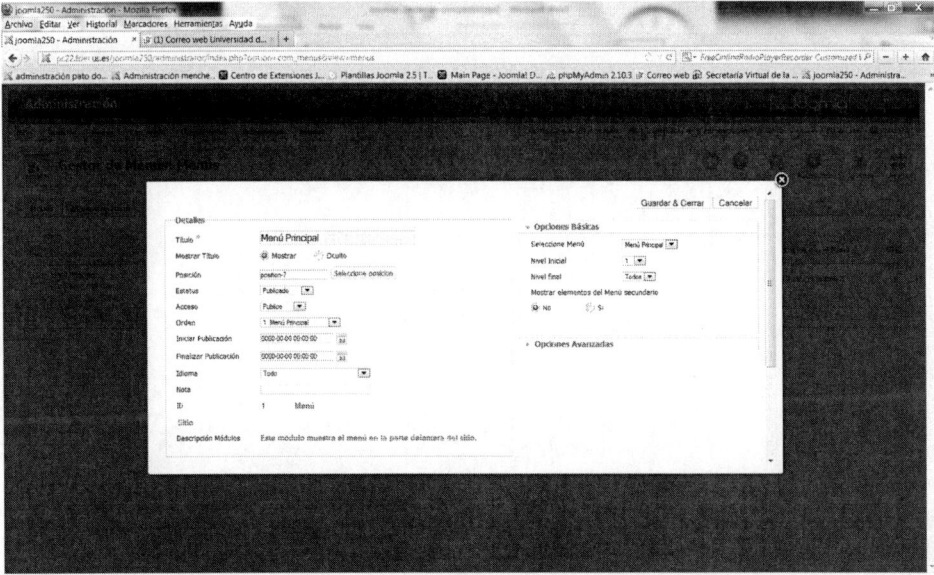

Figura 3.18. Instrucciones para el módulo Menú Principal

Más adelante cuando estudiemos en detalle un sitio, veremos que nos interesará a veces hacer invisible el módulo excepto en la página asignada (en este caso la de Inicio).

Un menú tendrá, en general, varios módulos enlazados (que se usan para mostrar el menú en distintas posiciones de la plantilla).

Capítulo 4

GESTORES DE USUARIOS Y ARTÍCULOS

Como ya se ha comentado, existen unos tipos de usuario predefinidos: Superusuario, Gestor y Administrador, que se ocupan, principalmente, del diseño del sitio (o, si se quiere, de establecer los parámetros que lo configuran). En otras palabras: son los usuarios que abren sesiones *backend* en el sitio.

Sin embargo, hay otro tipo de usuarios (también predefinidos) cuya misión es añadir información al sitio mediante la creación de artículos (principalmente).

Estos usuarios tendrán perfiles muy diversos. En un sitio Joomla! existen varios tipos de usuarios predefinidos que pueden realizar diferentes operaciones con artículos y, en general, con el contenido de un sitio: Editor, Autor y Publicador.

Los tres tipos de usuario forman un árbol jerárquico siendo el padre Autor, el hijo de este Editor y el hijo de este Publicador.

La consecuencia de esta estructura es que los privilegios del ascendiente son heredados por el descendiente. De manera que, si el Autor puede crear un artículo, un Autor podrá crear un artículo y editar artículos creados por otros (siempre que tenga los privilegios en el nivel de acceso a los mismos. Ya veremos esto). Ninguno de los dos tipos nombrados puede hacer que el artículo se vea en el sitio (es necesario publicarlo). El Publicador podrá crear, editar y publicar artículos.

Por último, un Administrador (y un Superusuario, por supuesto), podrá crear nuevos tipos de usuario y asignarles niveles de acceso adecuado o insertarlos en la jerarquía preestablecida (con los niveles de acceso que les corresponda más algunos nuevos).

De esta manera podríamos tener en un sitio web como una Guardería un tipo de usuario Gestor de guardería y hacer que sea hijo de Publicador, pero que, además, tenga el nivel de acceso Editor de documentos, de manera que solo él (ni siquiera, en principio, el Superusuario), puede acceder a los artículos de la categoría (ya explicaremos esto) Documento.

4.1 PERFILES

La creación de una página web requerirá iniciar una sesión como usuario perteneciente a un grupo que tenga los privilegios requeridos para esta acción.

En Joomla! disponemos de varios perfiles con vistas a realizar diferentes tareas con la herramienta.

Así, está el perfil del Superusuario. Es responsabilidad del mismo (entre otras) el aspecto del sitio web, determinar el acceso de los diferentes usuarios, instalar nuevas extensiones, cuidar la seguridad y el mantenimiento diario, etc.

4.2 GRUPOS

Al crear un usuario se le asigna un grupo (o varios).

Cada grupo tiene unos niveles de acceso a los objetos de Joomla! (menús, artículos, módulos, etc.), que pueden variar de Público (el nivel más general y menos restrictivo) a Especial (reservado para accesos con privilegios), pasando por Registrado (el nivel por defecto de los nuevos usuarios que han de identificarse).

En concreto, el nivel Público lo tienen asignado los usuarios del grupo Público (en general que visitan el sitio web).

El nivel Registrado lo tienen los usuarios de los grupos Gestor, Registrado y Superusuario.

El nivel Especial, por último, lo tienen los usuarios de los grupos Gestor, Autor y Superusuario.

Se pueden crear niveles de acceso y cambiar los grupos que tienen asignados dichos niveles.

Con nuestra instalación limpia (ver capítulo anterior), creamos con el Gestor de grupos un nuevo grupo (o tipo de usuario) que llamaremos Gestor de documentos secretos y que haremos hijo del grupo Publicador (ver figura 4.1-a).

Figura 4.1-a. Gestor de documentos secretos

La figura 4.1-b mostrará la nueva jerarquía de grupos del sitio.

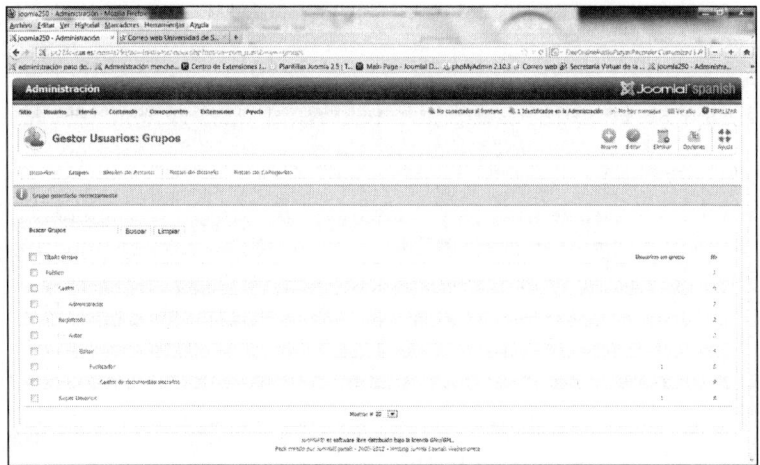

Figura 4.1-b. Nueva jerarquía de grupos

Guardamos y cerramos.

Ahora escogemos la pestaña **Niveles de acceso** (figura 4.1-c) en el **Gestor de Usuarios**, y añadimos un nuevo nivel de acceso que llamaremos Secreto, asignándoselo al grupo Gestor de documentos secretos (y al Superusuario para evitar posteriores problemas de acceso).

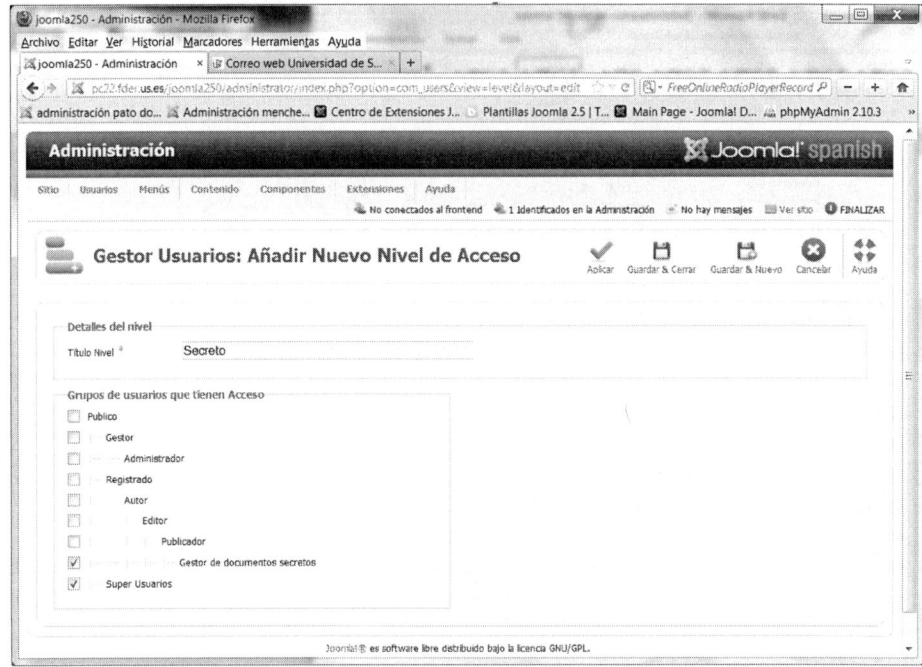

Figura 4.1-c. Nuevo nivel de acceso

Después de realizar estas acciones, solo los usuarios pertenecientes al grupo (al menos) Gestor de documentos secretos (y el Superusuario) podrán acceder a artículos de la categoría Secreto.

Por el árbol de grupos puede verse que un Gestor de documentos secretos es un Publicador, que a su vez es un Editor, un Autor y un Registrado (usuario con cuenta y que inicia su sesión en el sitio).

4.3 USUARIOS

Añadir un nuevo usuario (el Superusuario siempre existe (y no se podrá eliminar) es una operación que realizaremos con el Gestor de usuarios.

La figura 4.1-d muestra un ejemplo concreto para el usuario del grupo Gestor de documentos secretos Alicia.

Figura 4.1-d. Creación de un usuario del grupo Gestor de documentos secretos

Como podremos observar, el administrador del sitio (no tiene por qué ser el Superusuario ya que puede ser un Administrador) rellenará los campos donde aparece un asterisco.

La dirección de correo es importante ya que se utiliza con diferentes fines (en el capítulo anterior vimos un ejemplo para restablecer la contraseña).

Generalmente los diseñadores del sitio tendrán previsto que los usuarios registrados dispongan de un enlace a la edición de su perfil (para poder así cambiar fácilmente los datos que se introdujeron al crear la cuenta).

4.3.1 Notas de usuario

Se traducen en una serie de iconos que se añaden en la lista de usuarios donde el administrador ha escrito información referente al usuario.

Se crean con el Gestor de notas de usuario.

4.3.2 Categorías de notas de usuario

Al igual que muchos otros elementos de un sitio Joomla!, las notas de los usuarios pueden categorizarse (jerarquizar). De manera que con el Gestor de categorías (de notas de usuarios), podremos establecer el árbol en que están colocadas las distintas notas.

4.3.3 Nuevos usuarios desde una sesión frontend

Si en **Gestor de usuarios** -> **Opciones** tenemos activada la casilla **Permitir registros de usuarios**, cualquier usuario visitante podrá registrarse como miembro en el sitio. Pertenecerá al grupo Registrado y, una vez que confirme su cuenta siguiendo el enlace que recibirá en su cuenta de correo, podrá acceder a su perfil y entrar en su sesión. Esto hará que acceda a la información que solo es visible para miembros registrados.

4.4 ENVIAR UN ARTÍCULO

Enviar un artículo (*Submit an article*) es la operación con que se conoce a la creación de un nuevo artículo.

Un Administrador del sitio deberá crear un usuario que pertenezca al grupo Autor si quiere delegar esta función en otra persona.

Desde el Gestor de artículos un Administrador del sitio puede crear un artículo nuevo.

Convendría comentar algunos de los aspectos de la edición de un artículo que son interesantes.

Así, el alias permite mantener diferentes copias de un artículo (cada copia tendrá un alias diferente). De esta manera no tendremos que generar todos los pormenores de un componente del sistema (sea artículo, menú, módulo, etc.) cuando lo único que cambia es el nombre del mismo. Este campo suele dejarse en blanco.

A continuación viene el cuerpo del artículo (información que será mostrada en la web cuando se visite el sitio).

Para editar el cuerpo del artículo se utiliza un editor TinyMCE (como ya comentamos en un capítulo anterior).

A destacar la barra de herramientas donde se muestra una serie de botones muy útiles. Por ejemplo, si escribimos enlace y seleccionamos la palabra con el puntero del ratón y el botón izquierdo del mismo, podemos crear un hiperenlace haciendo clic en el botón que representa tres eslabones de una cadena (ver figura 4.2).

Ahora bastará con que escribamos en la caja el URL de la página a la que se accederá a través del hiperenlace (puede apuntar también a cualquier fichero del sitio que abra nuestro navegador web. Por ejemplo, un pdf o una imagen).

Los ficheros del sitio se tratarán en el Gestor multimedia.

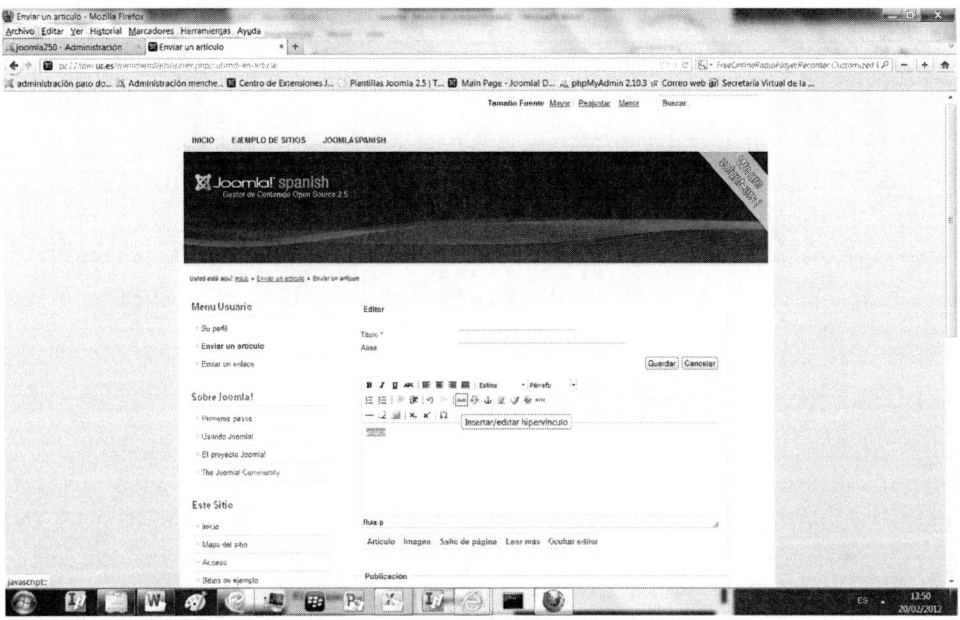

Figura 4.2. Enlace a otro recurso del sitio

4.5 OPCIONES GENERALES PARA LOS ARTÍCULOS

Para evitarnos que al visitar un sitio aparezcan datos de un artículo como el autor, la fecha de creación, la categoría, etc., es muy conveniente que en la ventana del Gestor de artículos hagamos clic sobre el botón **Opciones** de la barra de herramientas.

La figura 4.3 muestra unas opciones generales muy recomendables (más tarde, para cada elemento de menú que nos lleve a los artículos determinaremos las opciones particulares que nos sean más interesantes en cada caso).

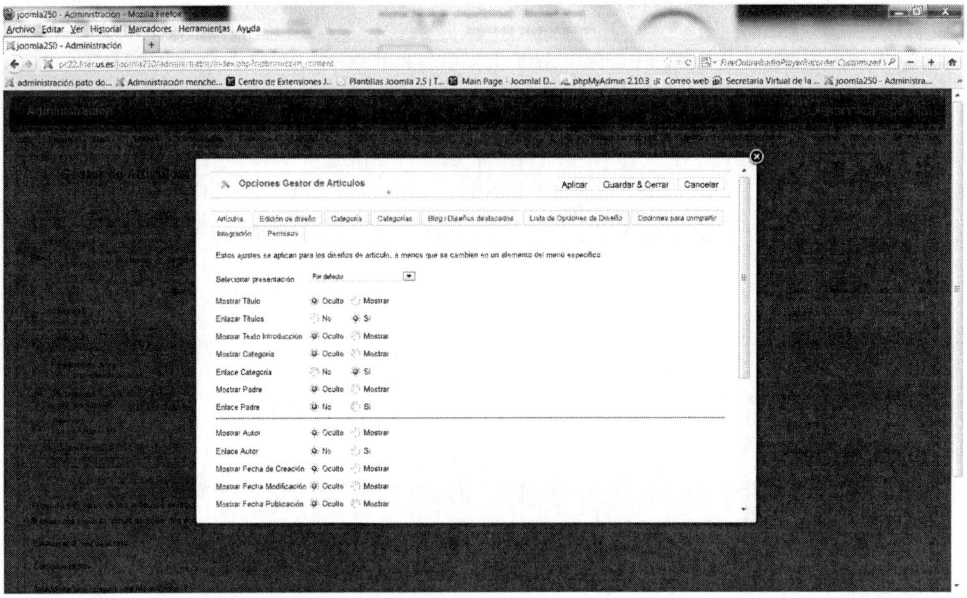

Figura 4.3. Opciones generales para los artículos

4.6 CATEGORÍAS DE ARTÍCULOS

Interesa crear categorías para los artículos si se quiere establecer una jerarquía de manera que un artículo de la categoría categoría1 tendrá el nivel de acceso establecido en su categoría (aunque declaremos su acceso público este será el de su categoría).

Además, podremos mostrar todos los artículos de una categoría (Listar una categoría o todas las categorías) con el elemento de menú de este tipo, o mediante el tipo de elemento de menú Categoría blog, hacer que se muestren todos los artículos de una categoría como si se tratasen de entradas a un *blog*.

Por otro lado, categorizar un sitio es determinar la jerarquía que existe entre los distintos contenidos que lo componen.

Esta labor es fundamental en el diseño de un sitio.

De hecho todos los artículos tienen que tener una categoría asignada (por defecto todos los artículos son de la categoría Sin categoría).

A destacar aquí que siempre podremos borrar la categoría Sin categoría (exigimos de esta manera que los objetos del sitio, en general, estén jerarquizados).

La categorización está íntimamente relacionada con el Mapa del sitio.

El Mapa del sitio se establece mediante un árbol (en realidad un bosque ya que no tiene por qué tener un único nodo raíz), en el que cada nodo representa una página y los vínculos (padre-hijo) nos llevan de una a otra página (normalmente a través de los elementos de menú).

Así, el siguiente bosque podría ser el Mapa del sitio de muchos ejemplos que encontraremos a menudo (pensemos en un sitio para una pequeña empresa de venta de productos):

- Inicio
  - Presentación del sitio
- ¿Quiénes somos?
  - Descripción de la empresa
- ¿Qué hacemos?
  - Producto1
  - Producto2
- Contactar
  - Contacto1
  - Contacto2

Inicio (la página por defecto que mostrará una estrella en la columna Inicio) puede ser un elemento de menú del tipo (o categoría) Artículos destacados.

Presentación del sitio será un artículo de la categoría Presentación y lo haremos Artículo destacado (una estrella azul en la columna Artículo destacado).

¿Quiénes somos? puede ser un elemento de menú (en Menú Principal) de la categoría Artículo simple.

El artículo Descripción de la empresa será del tipo Identidad.

¿Qué hacemos? puede ser un elemento de menú (también en Menú Principal) del tipo Categoría blog para el que elegimos la categoría Producto; Producto1 y Producto2 serían de la categoría Producto.

Y, por último, Contactar puede ser un elemento de menú (en Menú Principal) del tipo Lista todas las categorías de contacto.

Contacto1 será de la categoría (de contacto) Director y Contacto2 de la categoría (de contacto) Vendedor. Este tipo de categorías las trataremos en otro capítulo más adelante.

4.6.1 Categoría nueva

Cuando añadimos una categoría nueva (ver figura 4.4), le daremos un título (necesariamente), un padre y un nivel de acceso (también puede darse una descripción de la categoría).

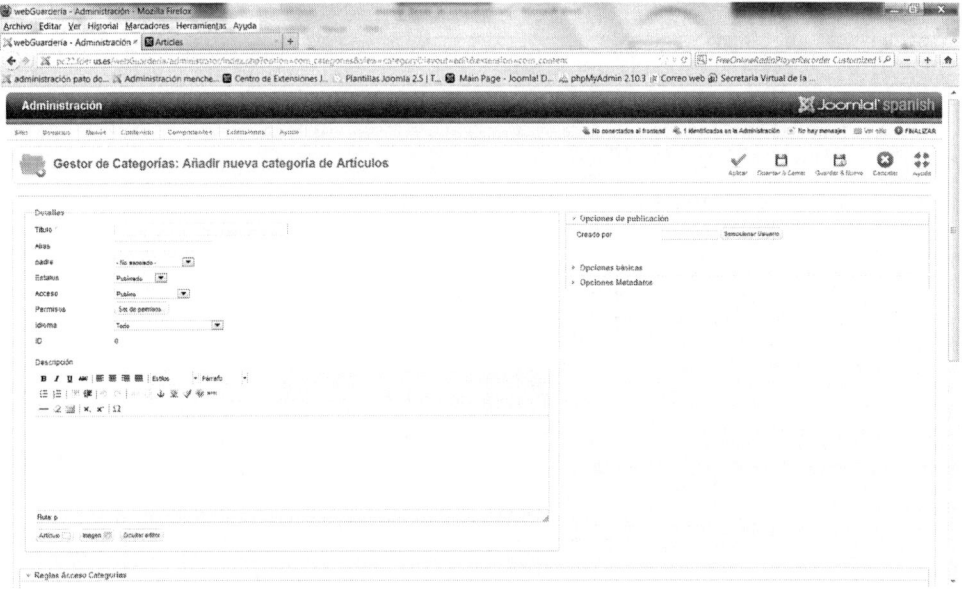

Figura 4.4. Edición de una nueva categoría

El sitio que estamos estudiando no tiene propiamente una jerarquía de artículos ya que todas las categorías están al mismo nivel.

Vamos a complicar un poco el sitio suponiendo que tenemos distintos tipos de productos. Por ejemplo televisores y lavadoras.

Esto provocará que aparezca un árbol donde solo teníamos un nodo final:

- Producto
- Televisor
- Televisor1
- Televisor2
- Lavadora
- Lavadora1
- Lavadora2

Ahora el elemento de menú ¿Qué hacemos? nos mostraría una lista de enlaces, uno por categoría de producto.

Es evidente que la categoría padre de Televisor y Lavadora es Producto.

La jerarquía ha provocado que el elemento de menú ¿Qué hacemos? nos muestre los artículos correspondientes a estas dos categorías a través de la categoría padre Producto.

Al igual que ocurre en las jerarquías (familias) los hijos heredan las instrucciones (en este caso el nivel de acceso) de los padres.

Si declaramos que el nivel de acceso a Producto es Registrado, solo los usuarios que inician sesión podrán verlo.

Dado que a esta categoría se accede desde el elemento de menú ¿Qué hacemos?, deberemos hacer que el nivel de acceso al mismo sea Registrado también (nos evitaremos de esta manera la aparición de mensajes de error que no tienen mucho sentido en sitios de acceso público).

4.7 CREAR ARTÍCULOS DESDE UNA SESIÓN FRONTEND

Como hemos comentado, un Administrador del sitio deberá crear un usuario que pertenezca al grupo Autor si quiere delegar esta función en otra persona.

Para que un usuario del grupo Autor disponga del enlace Producto nuevo tendremos que añadir un nuevo elemento a Menú Principal (que llamaremos Producto nuevo), y que sea del tipo Crear un artículo y acceso Especial (figura 4.5).

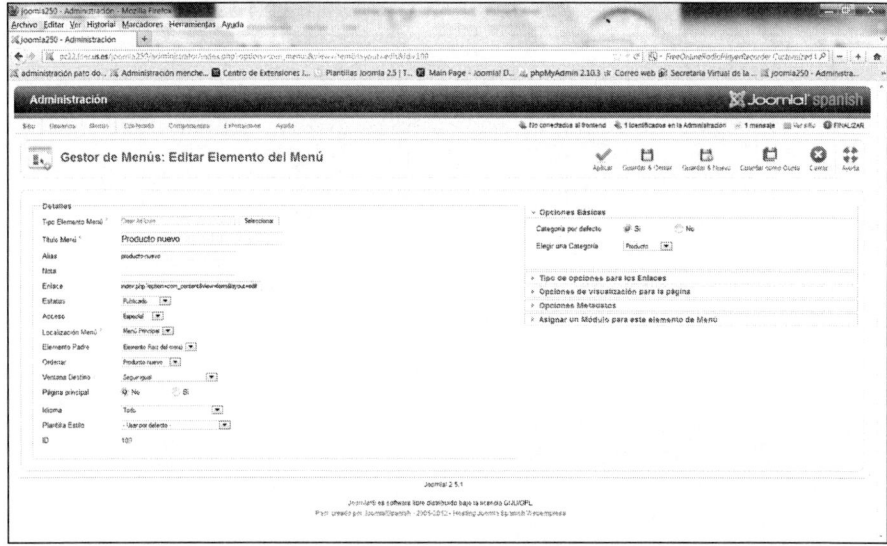

Figura 4.5. Elemento de menú principal para nuevo producto

El acceso lo hacemos Especial para que solo los usuarios que inician sesión y que pertenecen al menos al grupo Autor (el usuario puede pertenecer perfectamente a un subgrupo de Autor), vean el módulo correspondiente, ya que son los que pueden crear un artículo.

Así el usuario Alicia que es del grupo Gestor de documentos secretos, verá al iniciar su sesión el enlace **Producto nuevo** y al hacer clic sobre él se encontrará con una página como la de figura 4.6.

El autor debe escribir el título del artículo. Este título permitirá reconocer el artículo a un administrador en una sesión *backend*.

De todas formas, Alicia tiene los privilegios del grupo Publicador por lo que puede publicar el artículo (es decir, la gestión del artículo se llevará a cabo desde una sesión *frontend*).

Al guardarlo se mostrará una página como la de la figura 4.7.

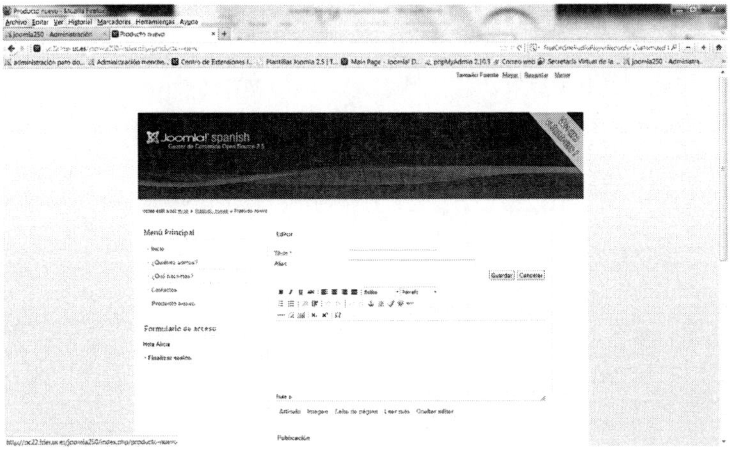

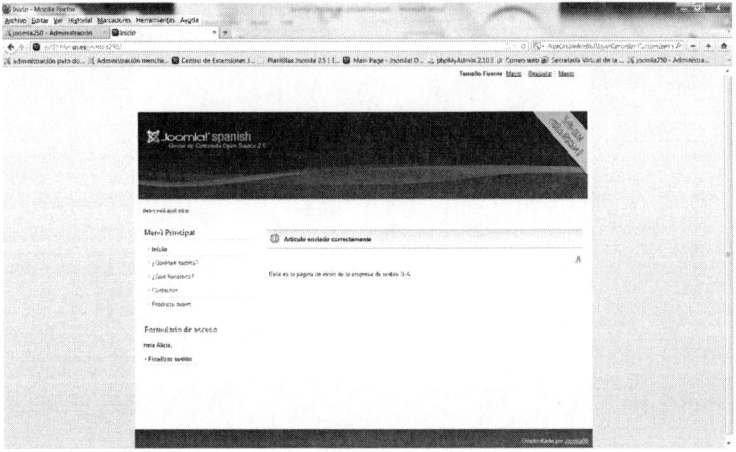

Figura 4.6. Edición de un nuevo producto por parte de Alicia

4.8 EDICIÓN DE UN ARTÍCULO DESDE UNA SESIÓN FRONTEND

Si de nuevo nos fijamos en el usuario Alicia (que tiene privilegios de Editor), encontramos que al listar los televisores (por ejemplo) desde una sesión *frontend* se muestra un pequeño icono de edición al lado de cada artículo (ver figura 4.8).

La consecuencia es evidente. Un usuario del grupo Editor podrá hacer clic sobre el icono de edición (un lápiz y un folio) pudiendo cambiar las instrucciones del artículo.

Figura 4.7. Alicia ha guardado el producto nuevo

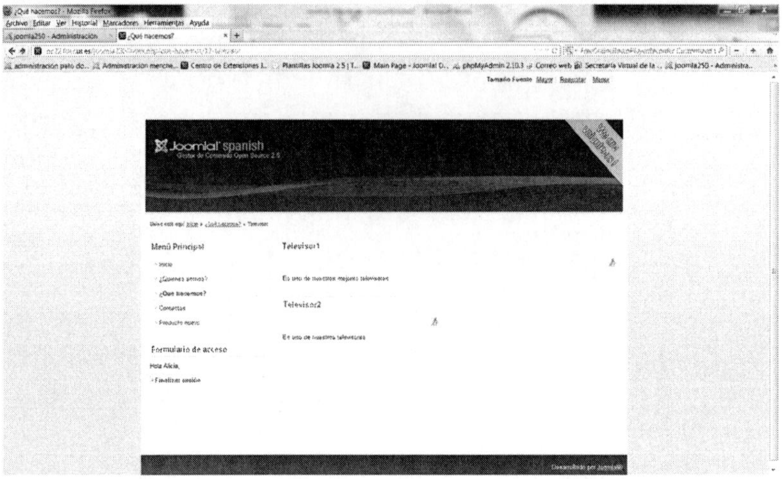

Figura 4.8. Edición de artículos en sesiones frontend

4.9 ARTÍCULOS DESTACADOS

Realizan un papel especial en un sitio Joomla!.

Se trata de una especie de categoría de artículo predeterminada por la cual un elemento de menú (normalmente Inicio), presenta un artículo detrás de otro (el orden y la presentación se pueden personalizar).

Capítulo 5

GESTOR DE PLANTILLAS

Mediante las plantillas podemos cambiar fácilmente el aspecto de nuestras páginas web.

A la hora de aplicar una plantilla deberemos distinguir dos zonas diferenciadas:

- Zona pública o *frontend*: es el aspecto que van a tener nuestras páginas web cuando sean visitadas por usuarios de Internet.

- Zona privada o *backend*: es el aspecto que tienen las páginas web cuando las utiliza un administrador del sitio.

Si observamos la figura 5.1, el Gestor de plantillas diferencia dichas zonas utilizando las etiquetas Sitio y Administrador (en la columna Localización).

En una instalación limpia dispondremos de 5 plantillas (ver figura 5.2). Observar que en la columna Localización aparece a qué zona se aplica, si a la pública o a la privada.

El sitio tiene por defecto aplicada la plantilla Business5.

Podemos cambiar de plantilla.

Desde una sesión como Administrador del sitio haremos clic en **Gestor de Plantillas** (la secuencia es **Panel de control -> Extensiones -> Gestor de plantillas**).

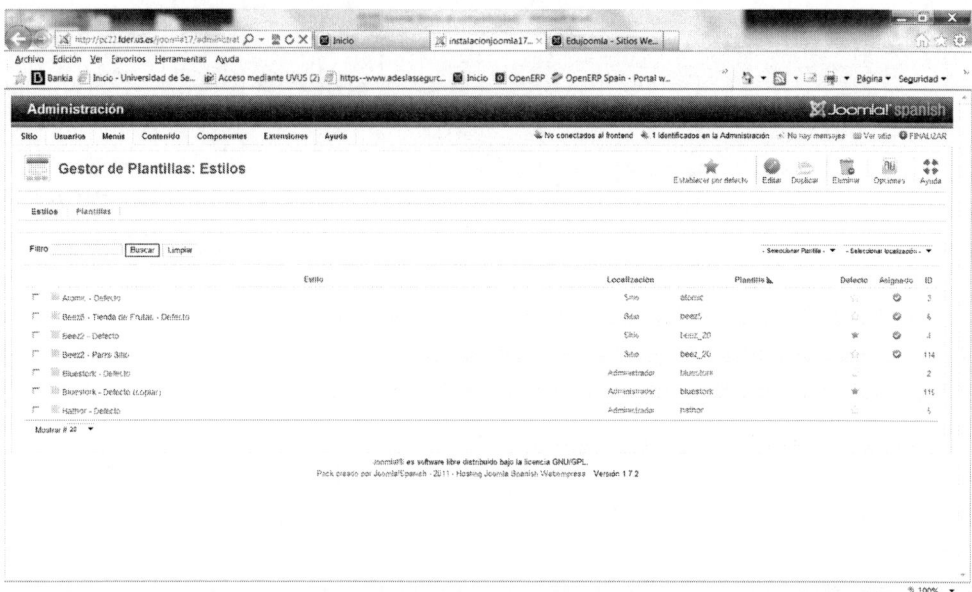

Figura 5.1. Gestor de plantillas

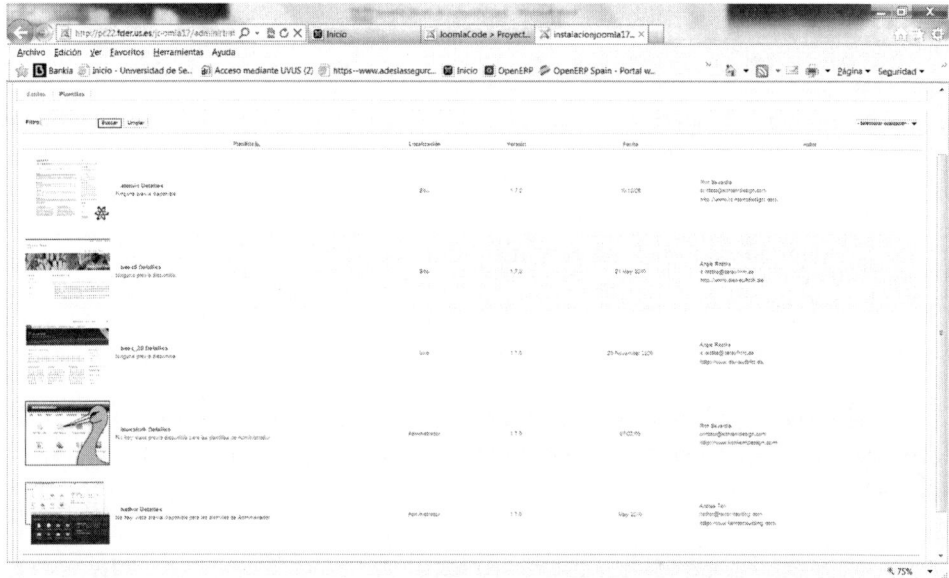

Figura 5.2. Las 5 plantillas predeterminadas

Si hacemos clic en la estrella de la plantilla beez_5 y vemos el sitio, el aspecto del mismo será como el de la figura 5.3.

Figura 5.3. Inicio del sitio con la plantilla beez_5

5.1 DESCARGA DE PLANTILLAS

Si queremos aumentar el número de plantillas del sitio, tendremos que descargar el paquete que las contiene (.zip) de la web donde se encuentre y luego utilizar el Gestor de extensiones (ver figura 5.4).

Así en *http://plantillasjoomla.org/descargar-plantilla-joomla-2-5-business-v5/* se tiene una plantilla para un sitio de negocios (compatible con Joomla! 5.2) que puede descargarse (tendrá que abrir una sesión como Superusuario).

Después de descargada la haremos examinar en la sección Subir archivo de paquete (estará en la carpeta Descargas). A continuación se hará clic en **Subir e Instalar**.

Ahora si nos vamos a las plantillas desde el Gestor de plantilla encontraremos una imagen de la plantilla recién instalada (ver figura 5.5).

Y podemos hacer sin problema la plantilla que se aplique al inicio de nuestro sitio (ver figura 5.6).

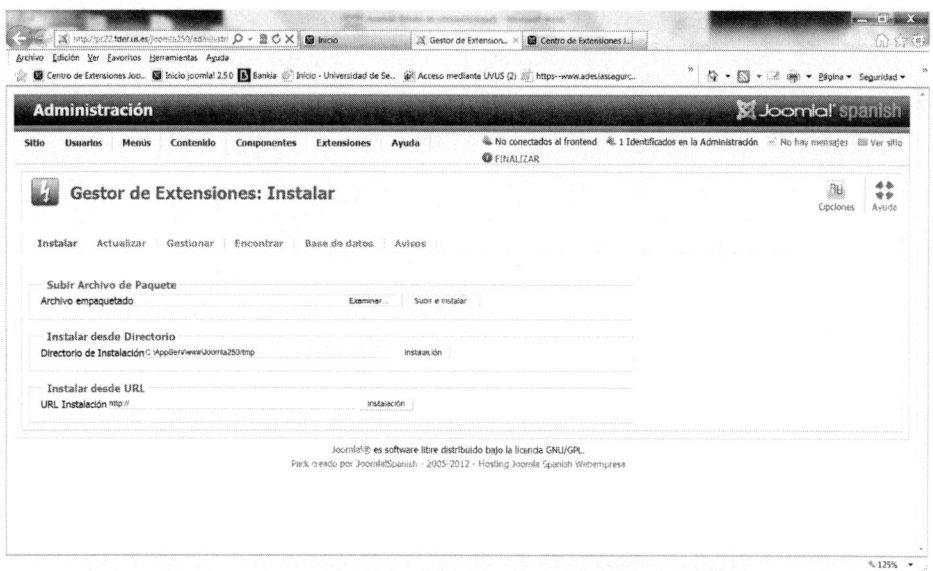

Figura 5.4. Gestor de extensiones

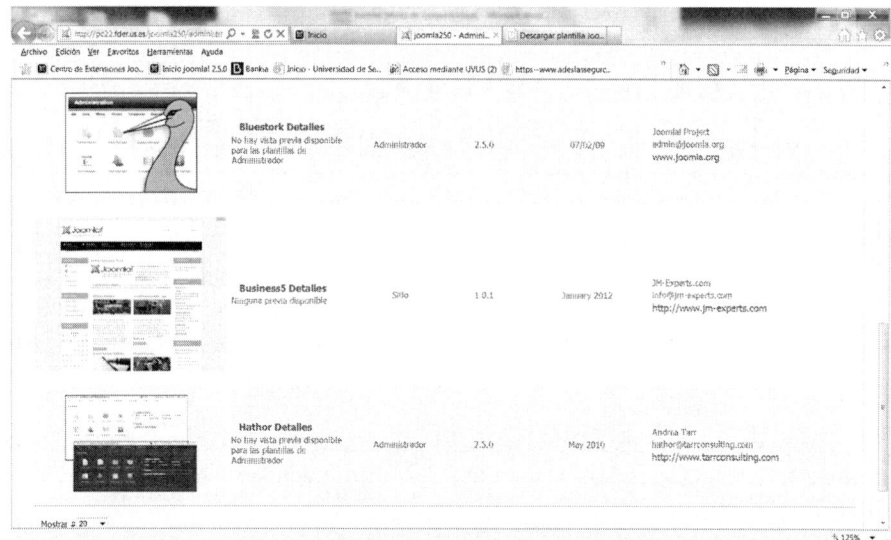

Figura 5.5. Plantilla Business5

Si se quiere, puede acudirse a páginas como *http://plantillasjoomla.org/* para descargarnos e instalar cientos de plantillas con las que contaremos para diseñar nuestras páginas web.

5.2 PLANTILLAS Y ELEMENTOS DE MENÚ

A cada elemento de menú podemos aplicarle una plantilla distinta (todos tienen aplicada la plantilla por defecto a menos que cambiemos esta instrucción).

Figura 5.6. Cambio de plantilla de beez_20 a Business5 para el Inicio

En la figura 5.7 le hemos aplicado la plantilla Themza_j17_06 al elemento ¿Qué hacemos?

5.3 EDITAR ESTILO

Con el gestor de plantillas obtendremos dos pestañas: Estilos y Plantillas.

La primera nos permite editar un estilo y con la segunda tendremos la opción de personalizar una plantilla.

La figura 5.8 muestra la ventana para el estilo Themza_j17_06 al que se ha renombrado como Guardería.

Con dicha ventana podremos establecer cuál es el idioma por defecto para el estilo, los elementos de menú a los que se aplica y (aún más interesante) las instrucciones personalizadas para la plantilla (color, logo, imágenes de la presentación (*slides*), etc.). Todo ello dependerá de la plantilla de que se trate.

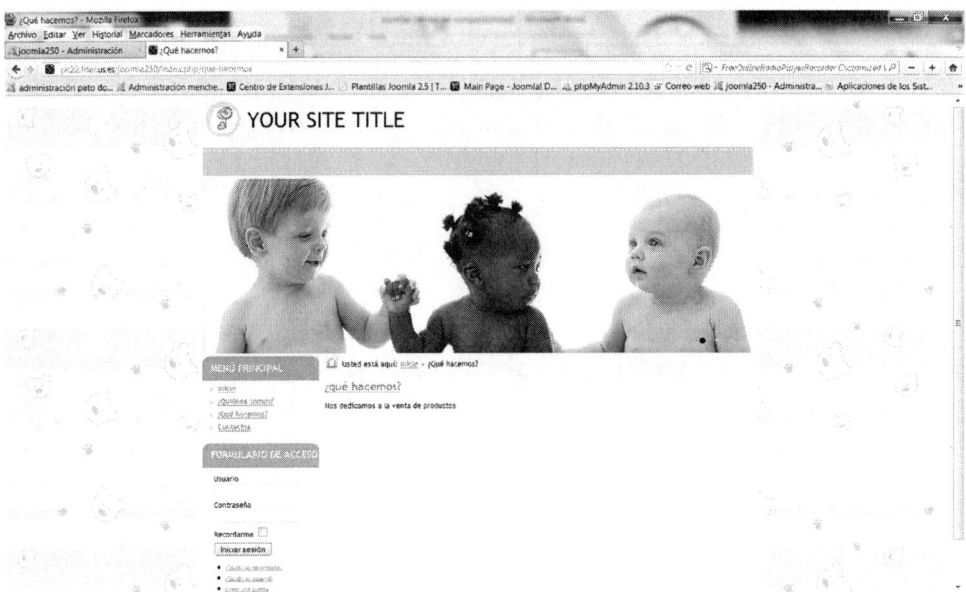

Figura 5.7. Aplicación de la plantilla Themza_j17_06 al menú ¿Qué hacemos?

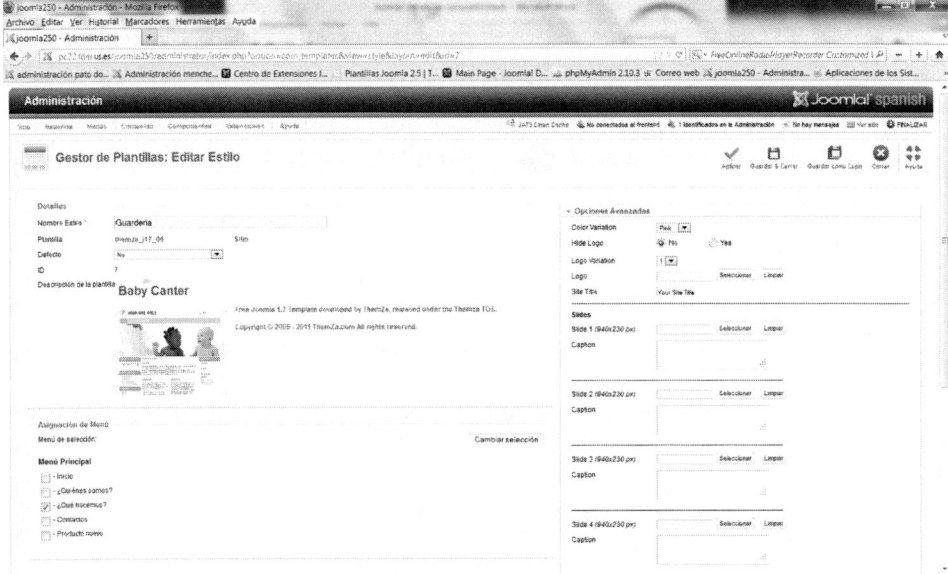

Figura 5.8. El estilo Guardería

5.4 PERSONALIZAR PLANTILLAS

Si optamos por la otra pestaña del Gestor de plantillas y seleccionamos una de ellas, encontraremos la ventana de la figura 5.9.

Aquí entra en juego el nivel de conocimiento de PHP (y CSS) del administrador.

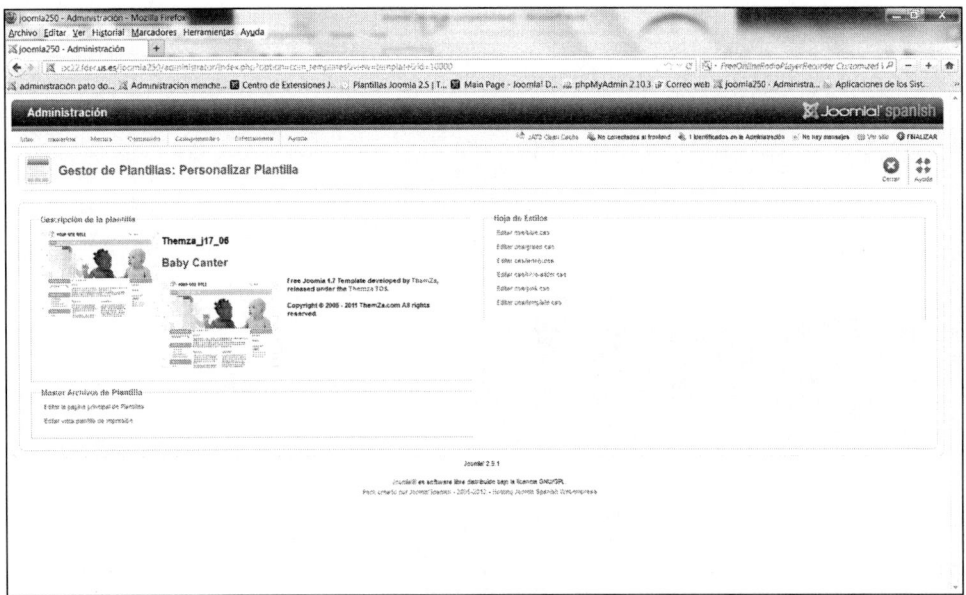

Figura 5.9. Plantilla Themza_j17_06

Un ejemplo muy sencillo lo tenemos en una línea del archivo index.php de la plantilla Themza_j17_06.

Si cambiamos en la línea que se muestra en la figura 5.10 el valor 0 (falso) por el valor 1 (cierto) de ocultar el logo, en la plantilla no se mostrará una pequeña flor que acompaña a la cadena YOUR SITE TITLE.

5.5 DISEÑOS DE PLANTILLAS

En este apartado vamos a profundizar un poco en los procesos que implican la creación de una plantilla Joomla!, estudiando con detalle los distintos archivos que la componen (todos ellos se enlazan en un archivo .zip y se instalan a través del Gestor de extensiones de Joomla!).

Figura 5.10. Cambiamos el valor 0 de hideLogo (por defecto) a 1

Por lo pronto una plantilla no es un sitio web, la plantilla es una serie de archivos que determinan cómo se va a visualizar el sitio.

Una de las características de las plantillas que las hace más atractivas es que cualquier contenido que se inserte hereda automáticamente los estilos definidos en aquellas.

Cuando se crea una plantilla los archivos que la componen deben instalarse en el directorio *templates* de la instalación de Joomla!. Aquí habrá una carpeta asignada a cada plantilla.

Dentro de cada una de estas carpetas habrá al menos dos archivos: templateDetails.xml e index.php.

El primero se usa para saber qué archivos se necesitan cuando se carga una página web para la plantilla dada.

En cuanto al segundo, index.php, se usa para saber dónde colocar los diferentes componentes y módulos.

Además de estos dos archivos habrá algunos más con diferentes finalidades:

- template_thumbnail.png: es una imagen para que el Gestor de plantillas muestre la plantilla.

- params.ini: contiene los valores de los parámetros de la plantilla.

- /css/template.css: contiene las hojas de estilo en cascada.

- /images/logo.png: son imágenes que se utilizan en la plantilla.

Como ejemplo, en la figura 5.11 se muestra parte del contenido de templateDetails.xml para la plantilla Business9.

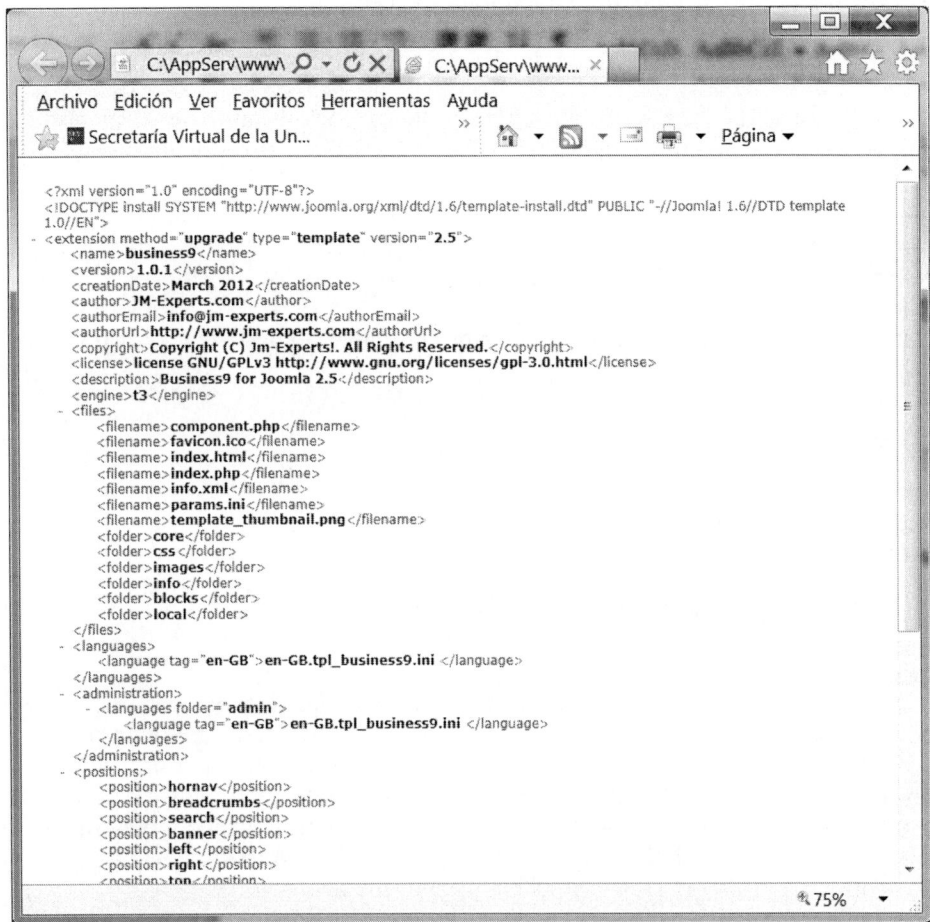

Figura 5.11. Parte del contenido del archivo templateDetails.xml

Comentemos algunas de las líneas mostradas en la figura 5.11:

```
-<extension method="upgrade" type="template" version="2.5">
```

Esto se traduce en que el instalador de la plantilla será informado de que se trata de una plantilla para Joomla! 2.5.

Informa al instalador del nombre de la plantilla y la versión.

<creationDate>March 2012</creationDate>
<author>JM-Experts.com</author>
<authorEmail>info@jm-experts.com</authorEmail>
<authorUrl>http://www.jm-experts.com</authorUrl>
<copyright>Copyright (C) Jm-Experts!. All Rights Reserved.</copyright>
 <license>license GNU/GPLv3 http://www.gnu.org/licenses/gpl-3.0.html</license>

Se trata de diferentes datos relacionados con el autor de la plantilla: la fecha de creación, el nombre del autor, su email, etc.

-<files>
<filename>component.php</filename> <filename>favicon.ico</filename>
<filename>index.html</filename> <filename>index.php</filename>
<filename>info.xml</filename>
<filename>params.ini</filename> <filename>template_thumbnail.png</filename>
<folder>core</folder>
<folder>css</folder>
<folder>images</folder>
<folder>info</folder>
<folder>blocks</folder>
<folder>local</folder>
</files>

Esta sección lista todos los archivos de la plantilla.

-<positions>
<position>hornav</position> <position>breadcrumbs</position>
<position>search</position> <position>banner</position> <position>left</position>
<position>right</position> <position>top</position> <position>top-1</position>
<position>top-2</position> <position>top-3</position> <position>top-4</position>
<position>top-5</position> <position>bottom-1</position> <position>bottom-2</position> <position>bottom-3</position> <position>bottom-4</position>
<position>bottom-5</position> <position>footer</position>
<position>syndicate</position> <position>debug</position>
<position>mega1</position> <position>mega2</position> <position>top-panel</position>
</positions>

Por último, esta sección nos indica las posiciones disponibles en la plantilla para los distintos módulos que creemos.

Capítulo 6

GESTOR DE MÓDULOS

El Gestor de módulos permite añadir y editar módulos Joomla! para poder mostrar contenido o imágenes alrededor del cuerpo principal de la página.

6.1 TIPOS DE MÓDULOS

Si desde el Gestor de módulos añadimos uno nuevo, lo primero que deberemos hacer es escoger el tipo del mismo.

La figura 6.1 muestra los tipos entre los que puede escoger.

Como se dijo en su momento, es importante establecer en qué posición de la plantilla vamos a hacer que aparezca el módulo. Esto se hace en el campo position. Elegiremos a menudo también la plantilla ya que a veces la posición es específica de la misma.

6.1.1 Artículos archivados

Es un tipo de módulo que nos permite listar por fechas los artículos que tengamos archivados.

En la figura 6.2 se ve la consecuencia de haber creado un módulo del tipo Artículos archivados y colocarlo en position-7 de la plantilla Business5.

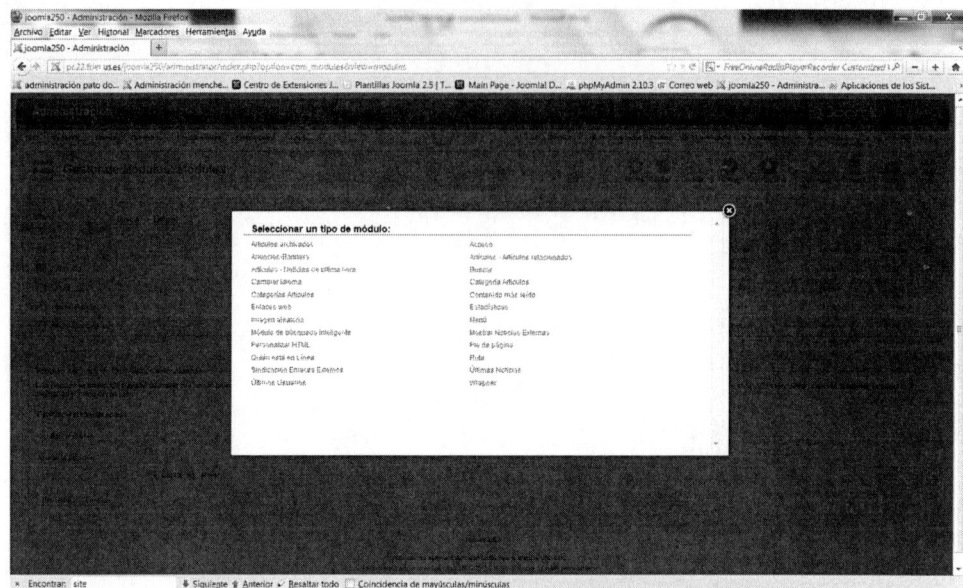

Figura 6.1. Tipos de módulos

Figura 6.2. Position-7 para Artículos archivados

6.1.2 Anuncios – Banners

Podemos incluir un módulo que muestre un botón (*banner*) que al ser pulsado abra una ventana que muestre información comercial o sobre algún cliente.

Con el Gestor de *banners* crearemos un *banner* y le indicaremos una imagen (para el botón).

En la figura 6.3 se muestra en position-10 de la plantilla Guardería un botón que nos llevará al URL que indiquemos.

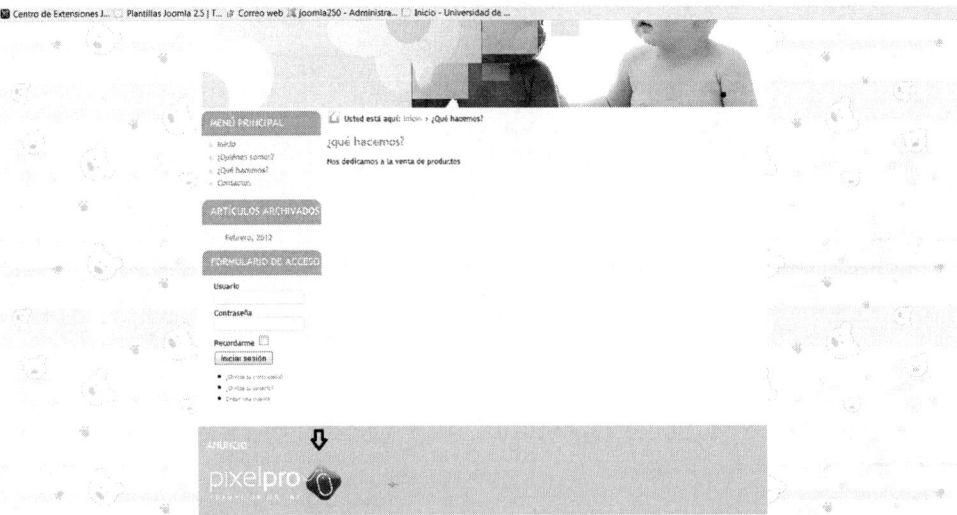

Figura 6.3. Banner en position-10 (indicado con la flecha)

6.1.3 Noticias de última hora

Con este módulo podemos mostrar el contenido de una serie de artículos de una categoría (o todas las categorías).

Como en los anteriores elegiremos la posición, a qué elemento de menú se le asigna (dónde va a mostrarse), y la categoría de los artículos que van a mostrarse.

En la figura 6.4 hemos colocado en position-10 del elemento de menú ¿Qué hacemos? los artículos de la categoría Lavadora (se utiliza la plantilla Guardería).

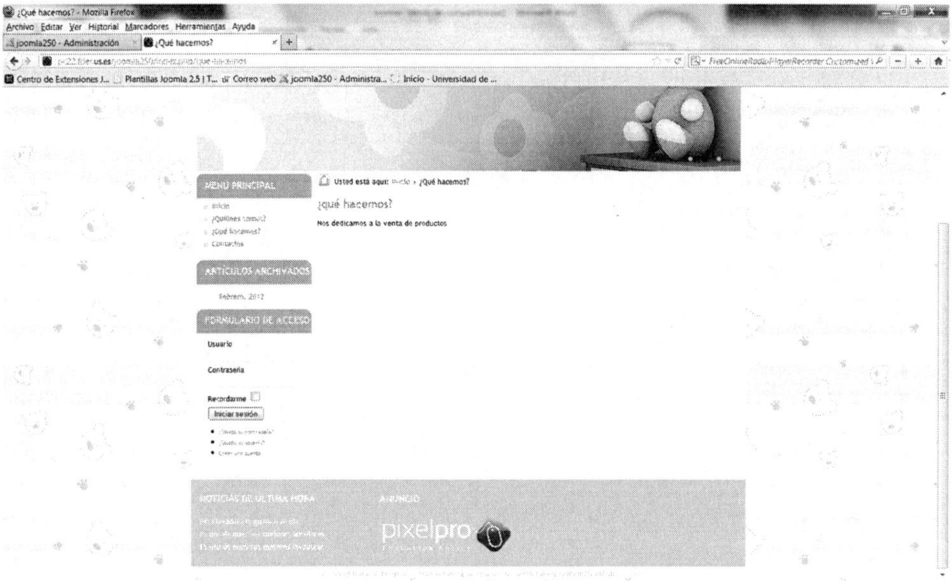

Figura 6.4. Artículos de la categoría Lavadora en position-10 con el módulo últimas noticias

6.1.4 Enlace web

Permite colocar un componente Enlace web de una categoría determinada en una posición de la plantilla.

En la figura 6.5 tenemos un enlace web de la categoría Enlace web 1 colocado en position-7 de la plantilla Business5.

Antes habremos creado la categoría Enlace web 1 y un componente Enlace web de dicha categoría.

6.1.5 Imagen aleatoria

A veces nos interesa colocar en un lugar de la plantilla una imagen escogida de forma aleatoria entre un grupo de imágenes.

Con un módulo del tipo Imagen aleatoria es posible realizar esta acción.

Si con el Gestor multimedia subimos varias imágenes (por defecto de extensión .jpg), es mostrar una de dichas imágenes de forma aleatoria en position-7 de Business5, por ejemplo (ver figura 6.6).

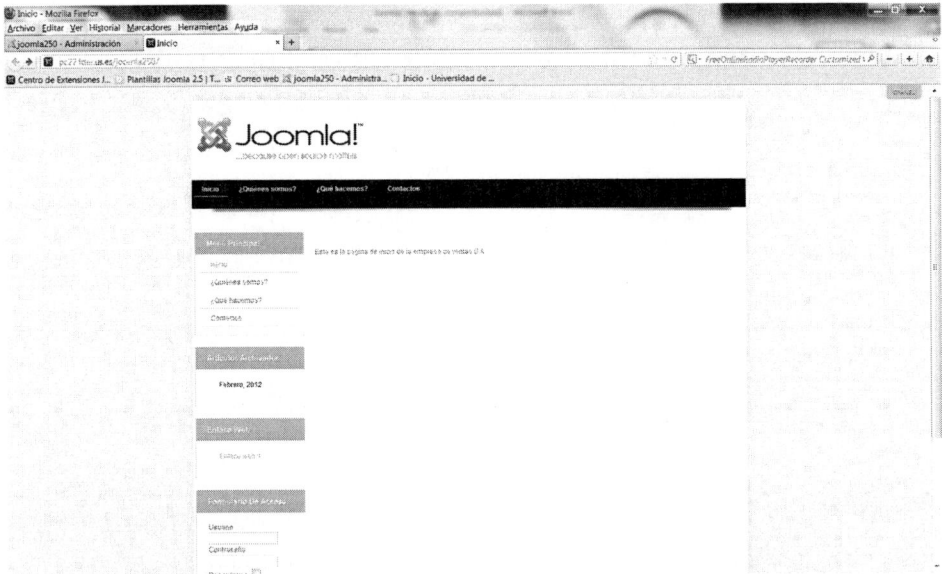

Figura 6.5. Enlace web del tipo Enlace web 1 colocado en position-7

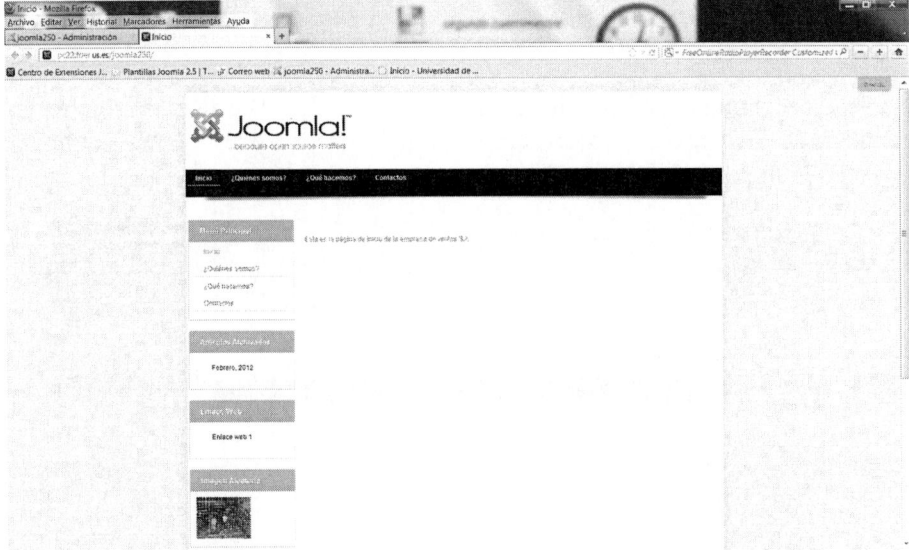

Figura 6.6. Imagen aleatoria en position-7 con la plantilla Business5

6.1.6 Búsqueda inteligente

Lo primero que debemos hacer para sacar provecho de un módulo del tipo Búsqueda inteligente, es indexar el contenido.

Para ello nos vamos a **Gestor de componentes -> Búsqueda inteligente** y en la barra de herramientas (figura 6.7) hacemos clic en el botón **Índice**.

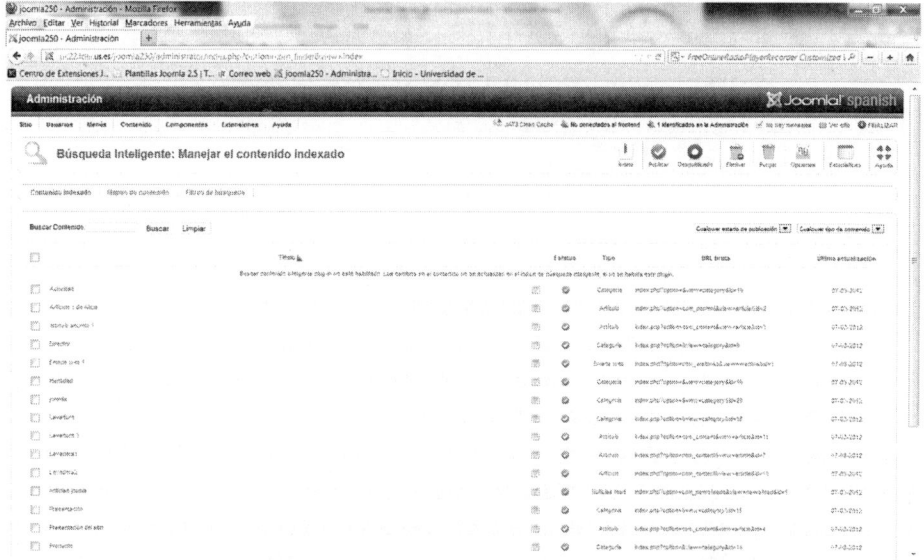

Figura 6.7. Indexar el contenido del sitio

Si a continuación añadimos un módulo del tipo Búsqueda inteligente (en position-7 de Business5), obtendremos para Lavadora (en nuestro ejemplo) la imagen de la figura 6.8.

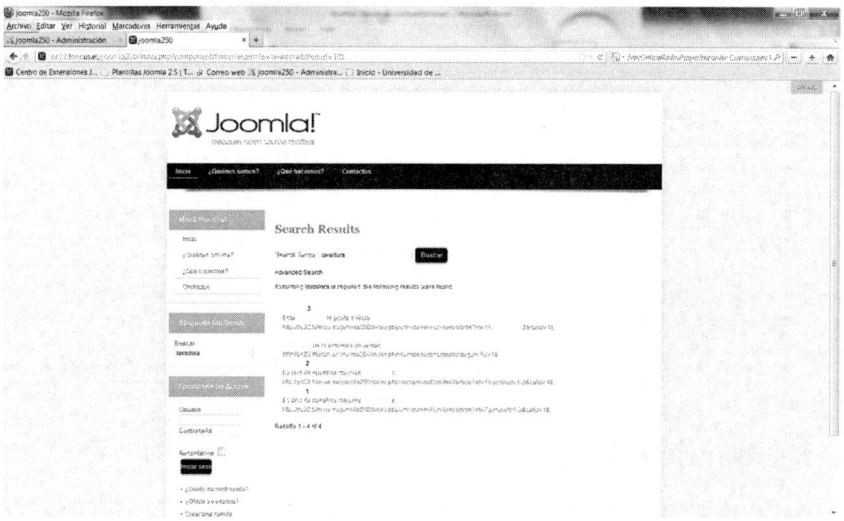

Figura 6.8. Búsqueda inteligente para Lavadora

También dispondremos de un enlace Advanced Search por el que podremos hacer búsquedas más potentes.

Por último, es posible establecer en la Búsqueda inteligente un filtro de manera que si en **Gestor de componentes** -> **Búsqueda inteligente** establecemos un filtro por las categorías Actividad, Lavadora y Producto, la búsqueda del término Alicia nos mostrará el resultado de la figura 6.9.

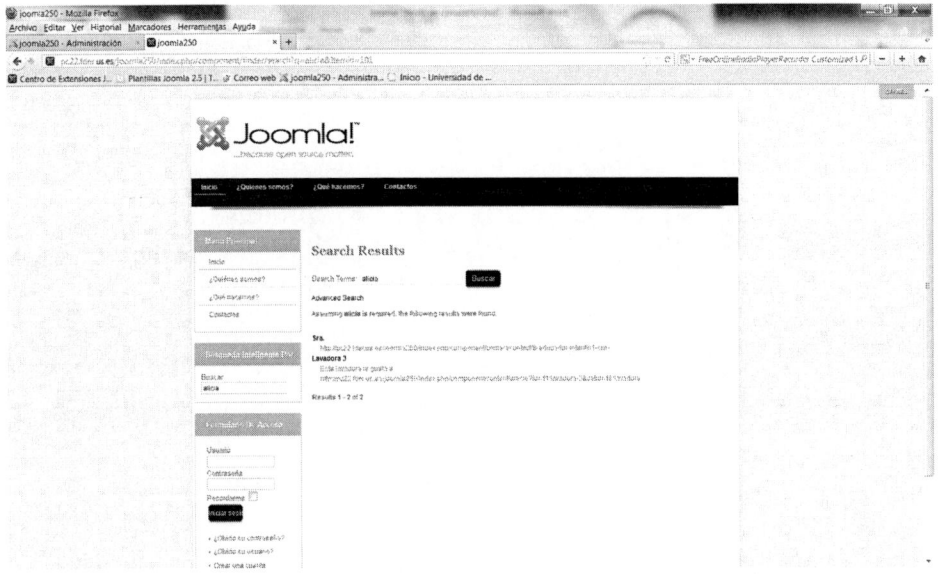

Figura 6.9. Filtro en Búsqueda inteligente

6.1.7 Personalizar HTML

Suponga que dispone de un código HTML (que muestra cualquier contenido que podría visualizarse por un navegador), y que quiere mostrar dicho contenido en una zona de su plantilla (de nuevo en position-7 de Business5).

Al crear un módulo del tipo Personalizar HTML, lo primero que haremos es en la ventana del editor hacer clic sobre el acceso HTML para volcar el código HTML en la ventana emergente.

Actualizamos y podremos ver en la posición del sitio la información ya procesada como página (ver figura 6.10).

En concreto, el código HTML utilizado en el ejemplo se muestra en la figura 6.11.

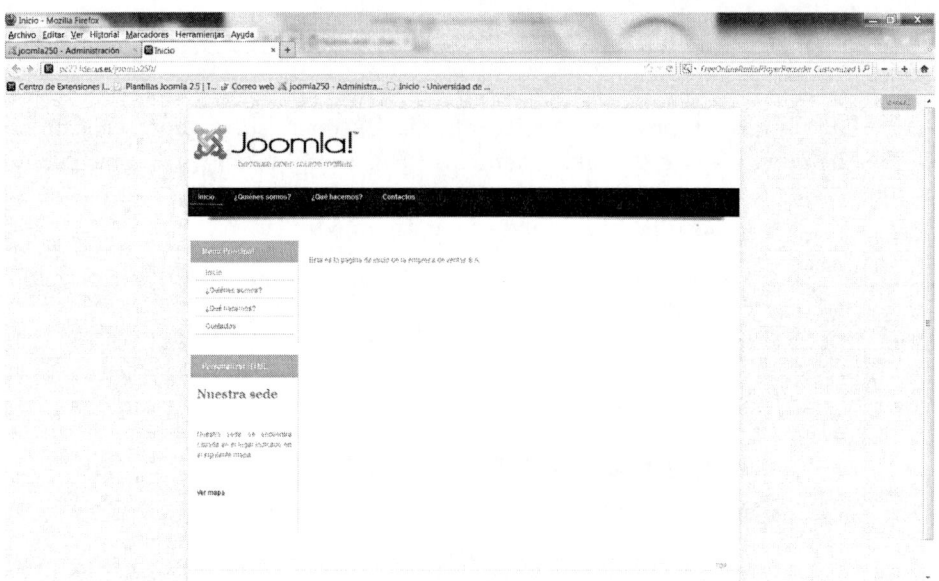

Figura 6.10. Código HTML copiado (y personalizado)

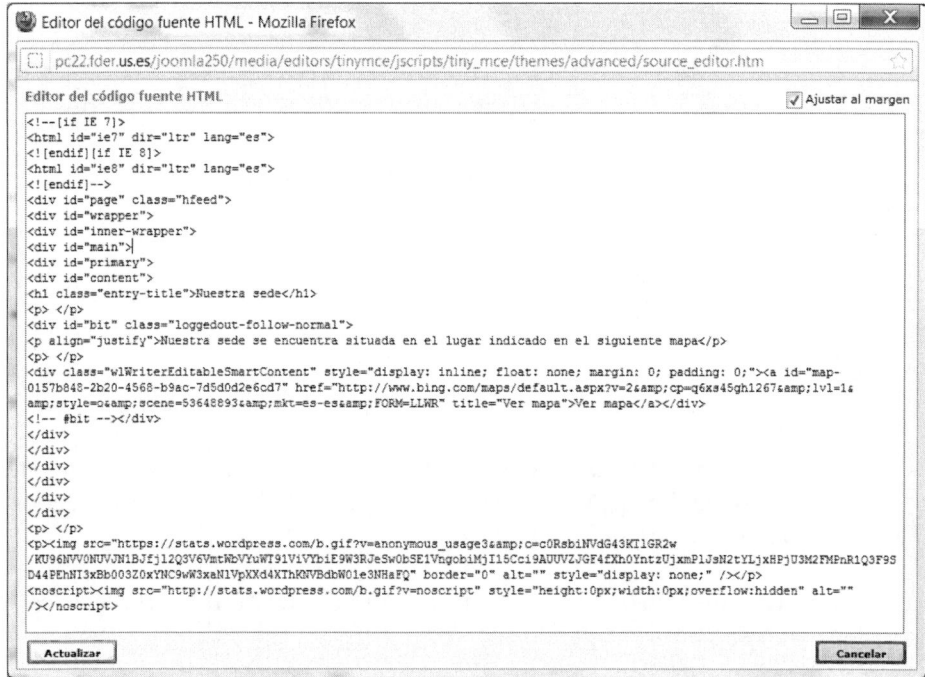

Figura 6.11. Código HTML para el ejemplo de la figura 6.10

6.1.8 ¿Quién está en línea?

Dentro de una sesión *frontend* podremos saber (igual que en una *backend*) qué usuarios están en línea (anónimos y registrados).

La figura 6.12 muestra un ejemplo en el que no hay visitantes (anónimos) y hay dos miembros (registrados) en línea (Alicia y menchen. El activo tiene delante un punto verde).

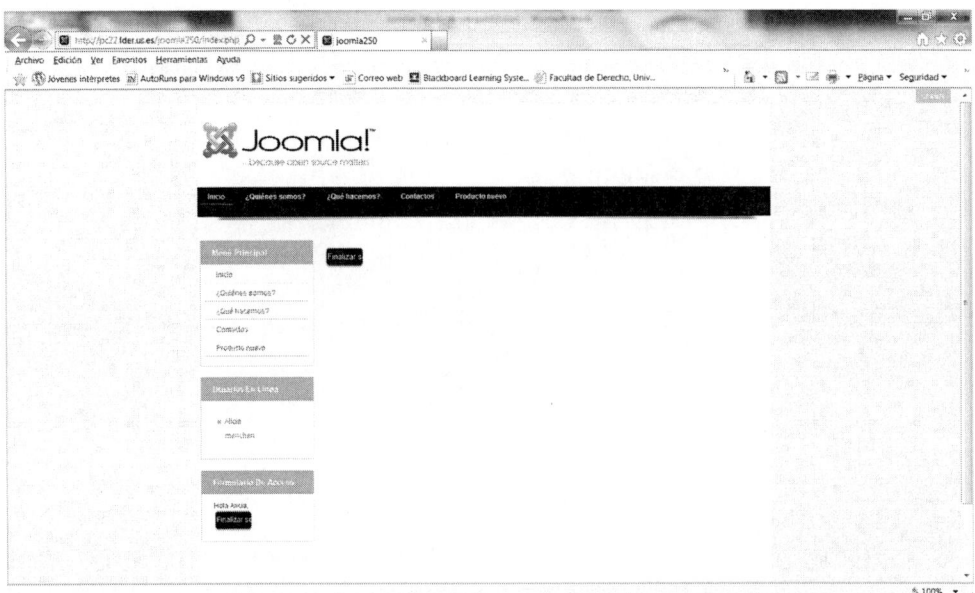

Figura 6.12. Miembros y visitantes en línea

Al Administrador no se le ve aunque tenga abierta una sesión.

6.1.9 Formulario de acceso

Coloca en una posición de la plantilla un formulario de acceso para los miembros registrados del sitio.

Además de permitir que los miembros del sitio accedan a sus perfiles, este módulo mostrará tres enlaces: para recuperar la contraseña, el nombre de usuario o para que el visitante se cree una cuenta.

6.1.10 Artículos relacionados

En el panel derecho de la edición de un artículo encontraremos el enlace Opciones metadatos. Si en el campo Metapalabras introducimos palabras que se repiten en los respectivos campos de otros artículos, un módulo del tipo Artículos relacionados lo que va a hacer es mostrarnos una lista de enlaces entre los distintos artículos que comparten una o varias metapalabras.

En la figura 6.13 se muestra un ejemplo con las tres lavadoras que comparten la metapalabra electrodoméstico.

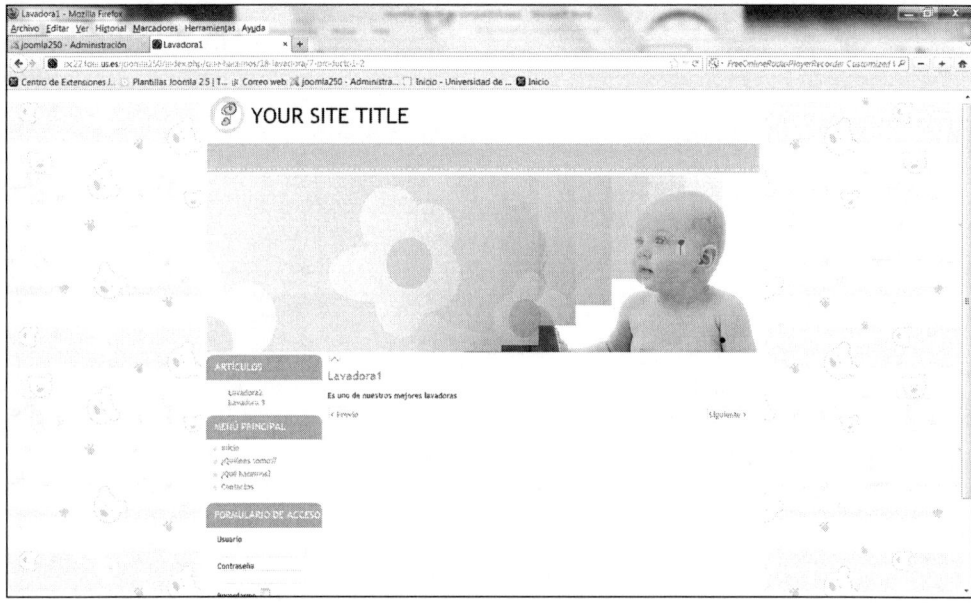

Figura 6.13. Artículos relacionados

6.1.11 Categorías de artículos

Como ya indicamos en su momento, un sitio con cierta complejidad precisa de una categorización (jerarquía) de su contenido.

Dentro de estos contenidos, quizás lo más relevante sean los artículos que contiene el sitio.

Un módulo del tipo Categorías de artículos lo que hace es mostrar en un lugar de la plantilla un listado de enlaces a todos los artículos de una categoría (o todas).

6.1.12 Contenidos más leídos

Muestra un listado de enlaces a los artículos más leídos (populares) en orden de mayor a menor número de accesos (de una categoría o de todas).

La figura 6.14 muestra que Lavadora1 es el más leído y Televisor2 el menos.

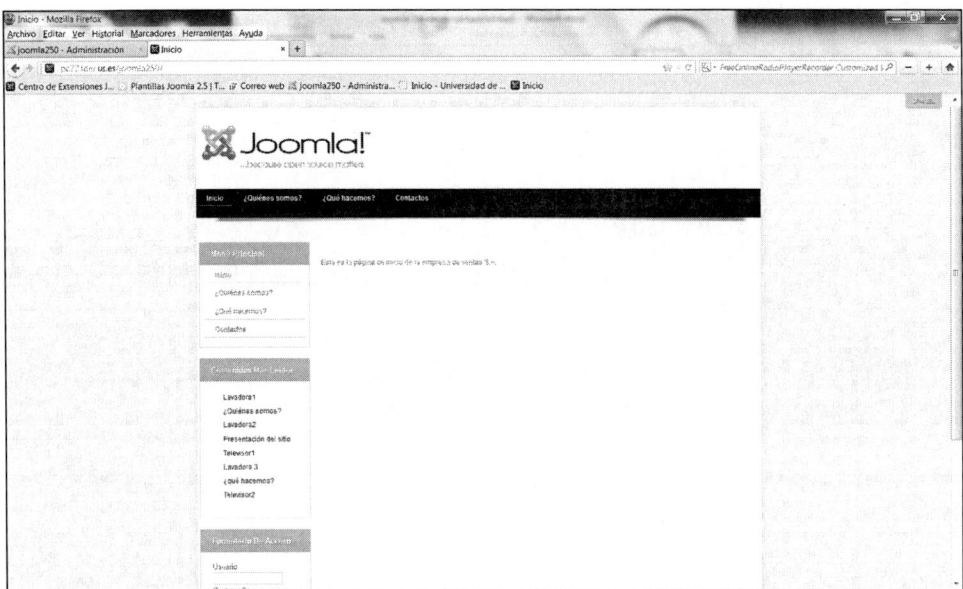

Figura 6.14. Contenidos más leídos

6.1.13 Menú

Este tipo de módulo es muy utilizado para diseñar la navegación a través del sitio.

En efecto, nos permite navegar por el menú que le asignemos.

Por defecto Menú Principal es del tipo Menú.

La utilidad de este tipo de módulo se muestra cuando necesitamos navegar desde la página de inicio por otros menús que no sean el principal.

6.1.14 Ruta

El mapa del sitio está íntimamente relacionado con la categorización del sitio.

Con un tipo de módulo ruta podremos colocar en una posición del sitio en qué nodo del mapa del sitio nos encontramos al navegar por el mismo.

6.1.15 Últimas noticias

Muestra la relación de los artículos (de una o todas las categorías) que se han publicado recientemente.

6.1.16 Ventana iFrame

Nos coloca en una posición de la plantilla una ventana iFrame mostrando el contenido de un URL.

En la figura 6.15 tenemos en este tipo de ventana el URL *http://menchen11.wordpress.com/*.

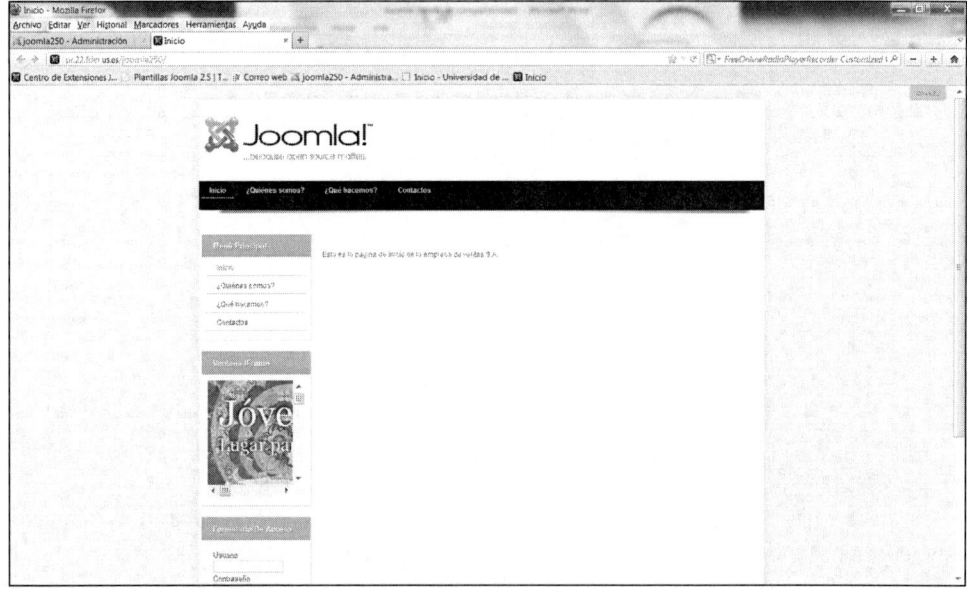

Figura 6.15. IFrame en position-7 de la Business5

Capítulo 7

ESTUDIO DE UN SITIO CON EJEMPLOS

Cuando realizamos una instalación no limpia (es decir, cargamos archivos de ejemplo), el sitio Joomla! nos va a mostrar muchos de los distintos componentes que podremos estudiar para hacernos una idea de qué hacer con la herramienta.

En concreto incluye dos sitios: Parques Australianos y Tienda de Frutas.

La figura 7.1 muestra el aspecto de la página de inicio de una instalación predefinida de Joomla! 2.5 con ejemplos cargados.

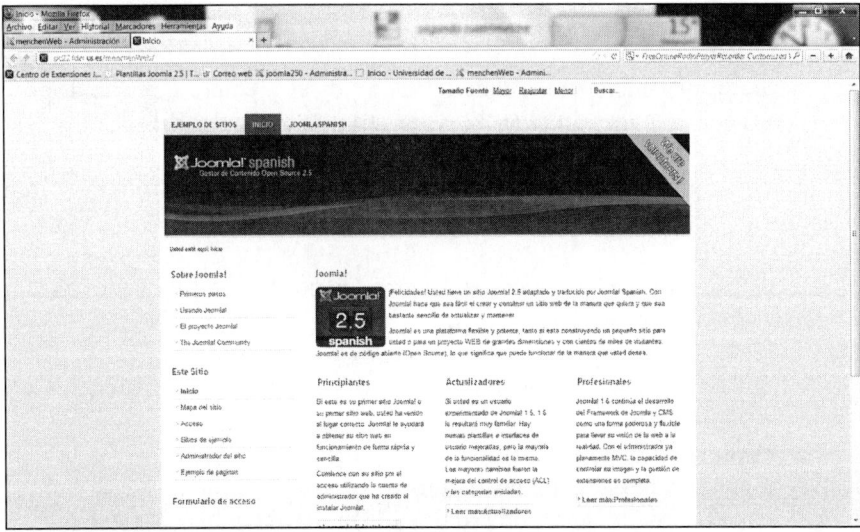

Figura 7.1. Inicio de Joomla! 2.5 con ejemplos

Si nos metemos en la administración del sitio nos encontramos (sea dicho de paso) con una complejidad enorme de menús, elementos de menú y módulos, de manera que en vez de servirnos para aclararnos sobre el uso de la herramienta, nos provocará más bien, un terrible dolor de cabeza. Vamos a tratar de desmenuzar esta información para no perdernos en los detalles.

Así, encontramos que dispondremos de 6 menús:

- Menú principal

- Menú usuario

- Ejemplos de enlaces

- Sobre Joomla!

- Parques Australianos

- Tienda de Frutas

7.1 MENÚ PRINCIPAL

A su vez, Menú principal contiene los elementos de menú: Inicio, Mapa del sitio, Acceso, Sitios de ejemplo, Administrador del sitio y Ejemplo de páginas. Los anteriores elementos de Menú principal se colocan en la plantilla (bezz_20) en position-7 mediante el módulo de tipo menú Este sitio.

7.1.1 Página de inicio

La página de inicio viene determinada por el elemento de Menú principal Inicio y (como ocurre generalmente) va a ser del tipo Artículos destacados.

En concreto tenemos 4 artículos destacados: Actualizadores, Joomla!, Principiantes y Profesionales.

La distribución de los artículos destacados por la plantilla viene dada por el orden (dentro de una categoría).

Así vemos que Joomla! tiene un número de orden 1 y Profesionales 4.

Se puede cambiar este orden. Pruebe a quitar a los 4 de la lista de destacados y luego vuelva a incluirlos en un orden cualquiera. Observará que el orden es el inverso al de la incorporación a la lista de Artículos destacados.

Si prevemos que el artículo es demasiado largo para mostrarlo entero, es posible incluir desde el editor una línea (en rojo) que se obtiene con el botón Leer más, de manera que esto se traduce en una interrupción del artículo y un botón que indique que puede leerse más del mismo.

7.1.2 Mapa del sitio

Es del tipo Artículo simple y el nombre del mismo es Mapa del sitio.

Si miramos el contenido de este sitio encontramos algo tan curioso como {loadposition sitemapload}, que muestra el contenido de la posición sitemapload de la plantilla (bezz_20).

En concreto, el módulo Mapa del sitio vinculado a Menú principal está situado en esta posición y está asignado a su elemento de menú Mapa del sitio. Esto se traduce en que con {loadposition sitemapload} se muestren los tres elementos de que consta este último: Articles, Enlaces web y Contactos.

7.1.3 Acceso

Es otra forma de abrir una sesión como miembro del sitio (también se puede entrar con el módulo tipo menú Formulario de acceso en position-7).

Se trata de un tipo de elemento de menú Formulario de acceso.

Ejemplos como este nos previenen sobre el pequeño lío que nos espera al sumergirnos en el diseño del sitio.

7.1.4 Sitios de ejemplo

Se trata de otro elemento de menú que nos lleva a un Artículo simple llamado Sitios de ejemplo.

Dicho artículo es de la subcategoría Joomla! del tipo Datos ejemplo artículos.

Contiene enlaces (entre otros) a los sitios Parques Australianos y Tienda de Frutas.

Este elemento de Menú principal se subdivide en dos subelementos: Parks y Shop.

Son del tipo Alias Elemento de menú que nos llevan a los elementos de menú de Parques Australianos *Park Home* y de Tienda de frutas *Bienvenido*.

Si nos fijamos en los módulos enlazados a Sitios de ejemplo estos son Parques Australianos y Tienda de Frutas. Ambos de tipo Menú y en position-5.

7.1.5 Administrador del sitio

Siguiendo este elemento de menú se nos mostrará la ventana para acceder a la administración del sitio (Superusuarios, administradores o gestores).

Cada usuario tendrá una ventana distinta. La más amplia será para el Superusuario y la más reducida para un Gestor.

Este elemento de menú es del tipo URL externa (o interna). Observar que el campo Enlace contiene el URL administrator que equivale a *http://localhost/menchenWeb/administrator/*.

7.1.6 Ejemplo de páginas

Es otro elemento de menú del tipo Alias Elemento de menú que nos dirige al elemento de menú Using Extensions del elemento de menú Usando Joomla! del menú Sobre Joomla!.

7.2 MENÚ USUARIO

Menú usuario contiene tres elementos de menú: Su perfil, Enviar un artículo y Enviar un enlace. El primero de acceso Registrado y los otros dos de acceso Especial. Por lo tanto solo los miembros del sitio verán estos elementos (introduciendo su nombre y palabra de paso). Por lo tanto este menú no será visible desde una sesión *frontend* de un visitante del sitio (del grupo Público). Y los del grupo Registrado verán solo el elemento Su perfil.

7.2.1 Su perfil

Es del tipo Perfil de usuario por lo que mostrará al miembro del sitio los datos almacenados del mismo y la posibilidad de cambiarlos.

7.2.2 Enviar artículo

Es la forma más cómoda de que los administradores del sitio deleguen en los distintos usuarios el trabajo de añadir información al sitio.

Será importante que los administradores establezcan los grupos de usuarios a los que pertenezca cada usuario. De esta manera podrá hacerse que un usuario sea publicador y no sea necesario que un administrador del sitio publique (autorice) un artículo creado por dicho usuario.

En el ejemplo de estudio, solo los usuarios con nivel de acceso Especial pueden enviar artículos. Por lo tanto el usuario deberá pertenecer (al menos) al grupo Autor (ver figura 7.2).

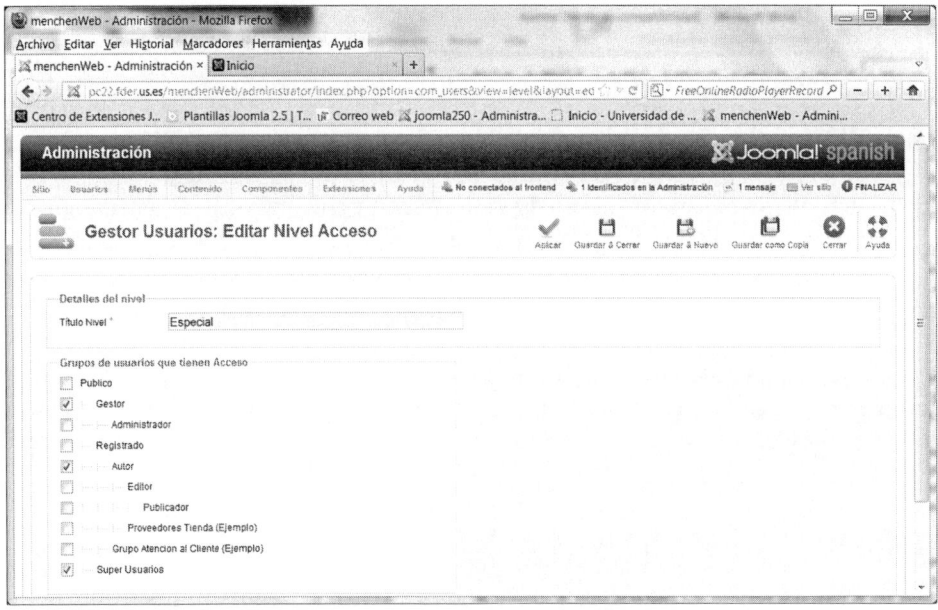

Figura 7.2. Nivel de acceso Especial

7.2.3 Enviar enlace

Similar al anterior solo que se trata de un enlace a una web donde se encuentra el contenido.

7.3 EJEMPLOS ENLACES

Ejemplos enlaces tiene también tres elementos: Ejemplos de sitio, Inicio y JoomlaSpanish, que se colocan en position-1 (siempre en la misma plantilla a menos que se diga lo contrario) mediante el módulo de tipo menú Arriba.

Ejemplos de sitio es un Alias al elemento de menú Sitios ejemplo ya comentado.

Inicio es un Alias al elemento de menú Inicio ya visto.

7.3.1 JoomlaSpanish

Este elemento es un URL externo (o interno). En concreto señala a *http://joomlaspanish.org*.

7.4 SOBRE JOOMLA!

Sobre Joomla! está constituido por la friolera de 98 elementos, pero no todos están al mismo nivel (no cuelgan de Menú principal, que es un menú, sino sobre otros elementos de menú formando una jerarquía de menús y submenús). En concreto, el primer nivel lo constituyen 4 elementos de menú: Primeros pasos, Usando Joomla!, El proyecto Joomla! y The Joomla! Community.

No entraremos en estos elementos ya que se sale un poco del objetivo del presente libro (sería más bien una especie de compendio de lo que supone el proyecto Joomla!).

7.5 PARQUES AUSTRALIANOS

Parques Australianos está estructurado en 5 elementos de menú (en el primer nivel) y se mostrará a través del elemento Sitios de ejemplo (que a su vez es un elemento de Menú principal). Los elementos principales de este menú son Parks Home, Park Blog, Image Gallery y Parks Links.

7.5.1 Parks Home

Muestra el artículo Parques Australianos (ver figura 7.3), donde puede verse una imagen (un lago entre montañas) y un contenido (solo texto en este caso).

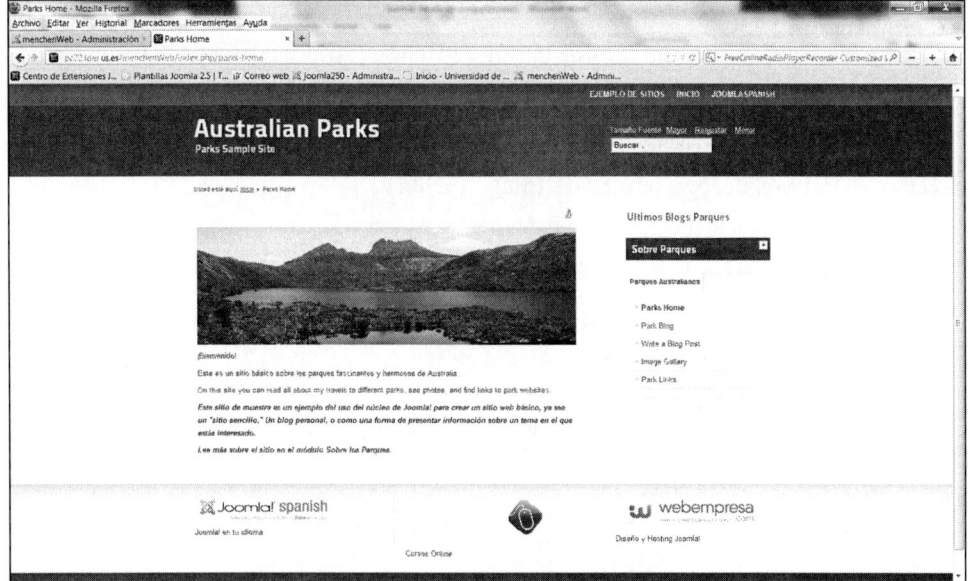

Figura 7.3. Artículo Parks Home

El resto de componentes provienen de distintos módulos que son visibles en el menú Parques Australianos.

Si miramos en los módulos enlazados al elemento de menú Parks Home encontramos: Arriba, Buscar, Anuncio, Sobre parques, Parques Australianos, etc.; todos ellos se mostrarán en la ventana que se origina al seguir el enlace Parks Home.

7.5.2 Park Blog

Se trata de un elemento de menú del tipo Categoría blog que muestra (como un *blog*) los artículos del sitio de la Categoría blog Parque (hay dos artículos: primer post blog y segundo post blog).

7.5.3 Image Gallery

Es del tipo Lista de todas las categorías y está seleccionada solo la categoría Galería fotográfica.

La categoría Galería fotográfica contiene la imagen (como la que se muestra en la figura 7.3) y el enlace a Wikimedia commons.

No hay ningún artículo de esta categoría, sin embargo contiene dos subcategorías que se listarán, por lo tanto, con este módulo: Animals y Escenario.

Para mostrar los artículos de la categoría Animals contamos con el elemento de menú Animals y para los Escenarios con el elemento de menú Escenarios (ambos descendientes de Image Gallery).

7.5.4 Parks Links

Es del tipo Lista de enlaces web en la categoría y la categoría es Enlaces parques.

Si miramos en Enlaces web del tipo Enlaces parques tenemos tres enlaces: Baw Baw National Park, Kakadu y Pulu keeling.

En la figura 7.4 se muestra la página que se abre al seguir el enlace Parks Links.

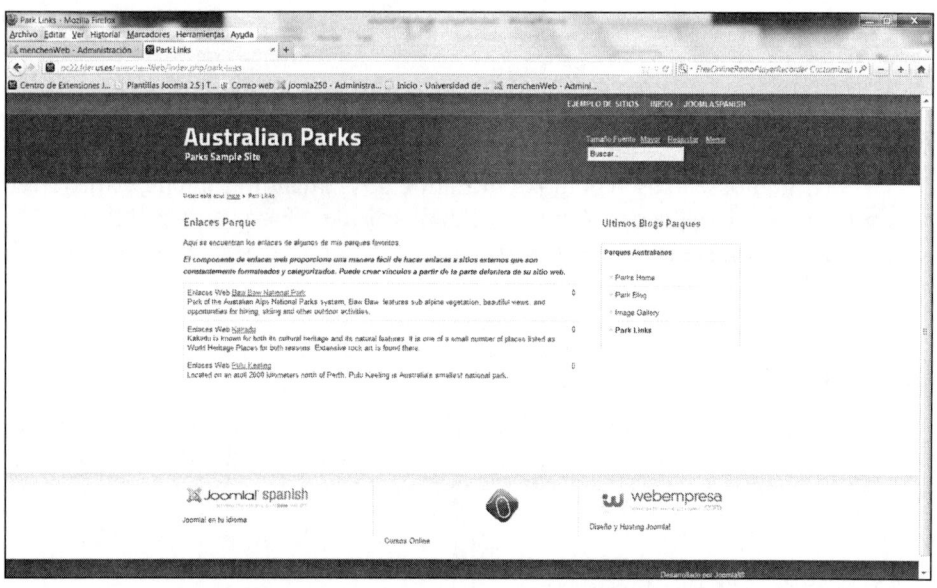

Figura 7.4. Tres enlaces en Parques Australianos

7.6 TIENDA DE FRUTAS

Tienda de Frutas también se mostrará a través del elemento de Menú principal Sitios de ejemplo y se subdivide en 8 elementos de menú (todos en el mismo nivel): Bienvenido, Fruit Encyclopedia, Growers, Contactar, Acceso, Direcciones, Add a recipe y Recipes.

7.6.1 Bienvenido

Nos muestra el contenido Tienda de Frutas con una atractiva plantilla (ver figura 7.5).

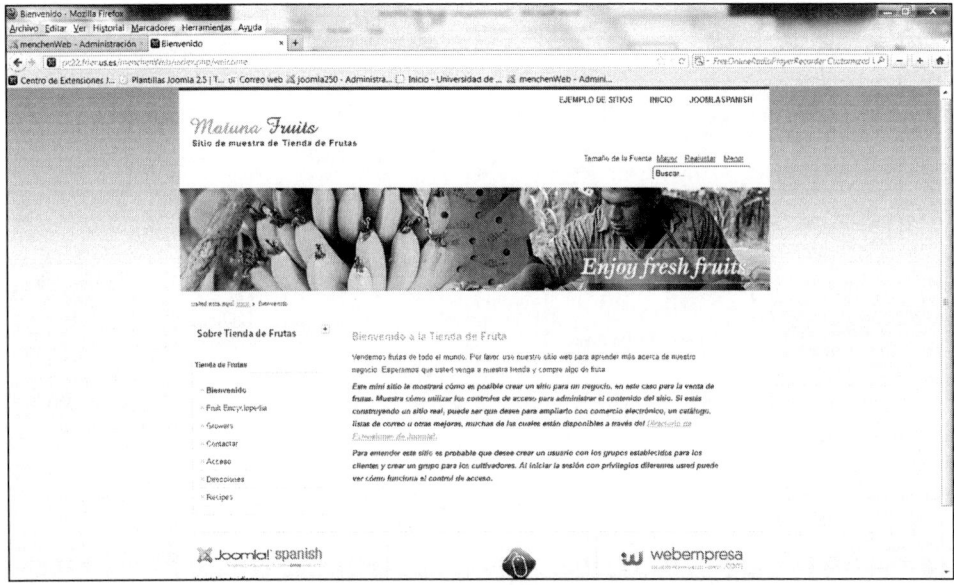

Figura 7.5. Bienvenido en Tienda de Frutas

También aparecen componentes como los módulos Especial, Tienda de Frutas y Sobre Tienda de Frutas.

Este último es del tipo personalizar HTML y contiene un signo más que al desplegarse muestra un contenido (incluido en el propio módulo).

Para los usuarios registrados como clientes (con el nivel de acceso Grupo atención al cliente) se tiene el módulo Especial que muestra una oferta para los mismos una vez que inician sesión en el sitio (ver figura 7.6).

El módulo Especial también es del tipo Personalizar HTML.

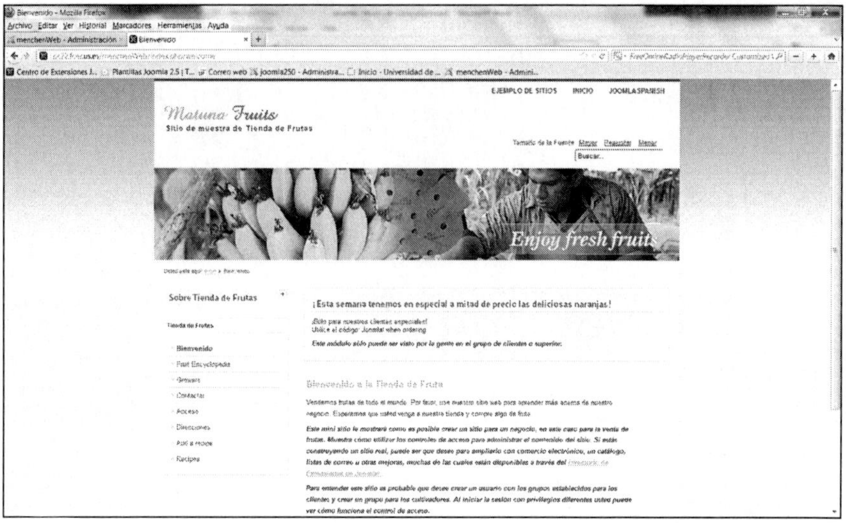

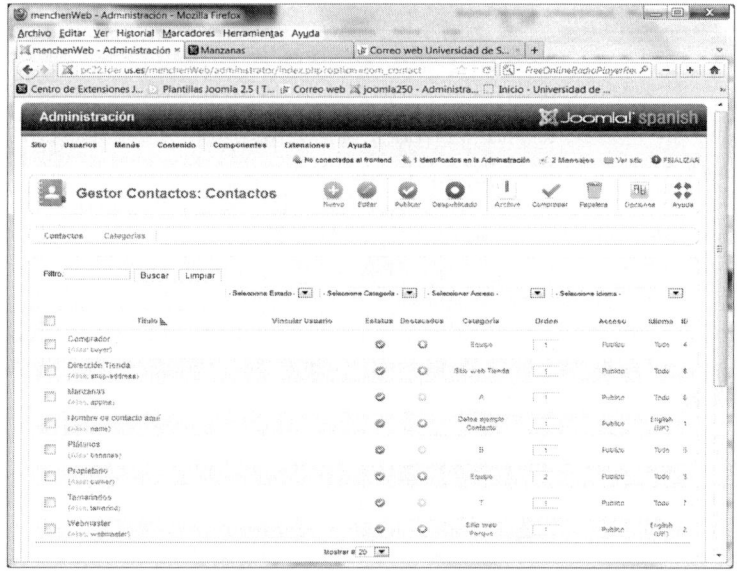

Figura 7.6. Oferta especial para los clientes

7.6.2 Fruit Encyclopedia

Es del tipo Lista todas las categorías de Contacto. La categoría que lista es Enciclopedia de frutas.

Si nos vamos al Gestor de contactos (ver figura 7.7):

Figura 7.7. Gestor de contactos

Vemos que manzana es de la categoría A, plátanos de la B y tamarindos de la T.

Esto hace que al seguir el enlace Fruit Encyclopedia tengamos un contenido que está en la categoría de contacto Enciclopedia de frutas (ver figura 7.8).

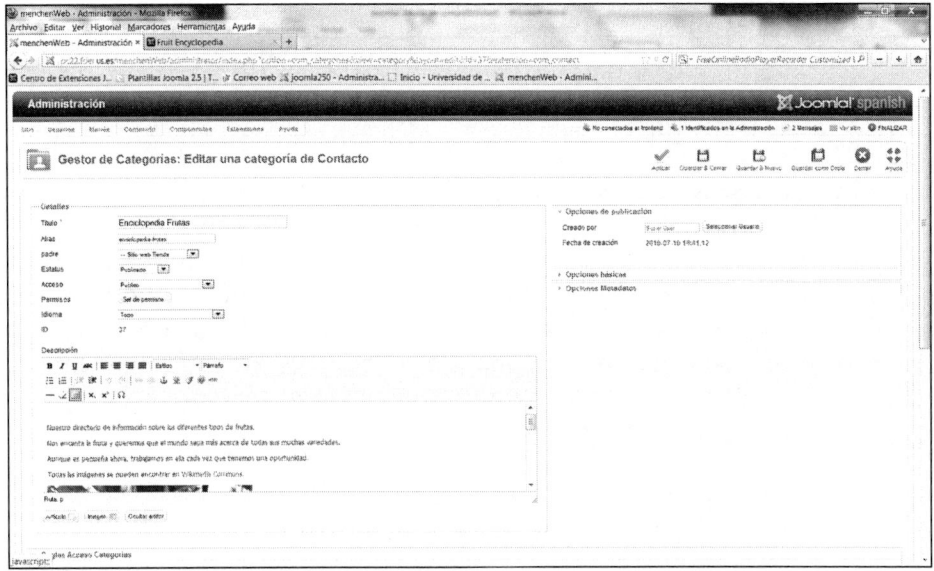

Figura 7.8. Categoría de contacto Enciclopedia de frutas

Y un enlace para cada subcategoría (A, B y T en el ejemplo).

7.6.3 Growers

O productores, es del tipo Categoría blog. Muestra artículos de la categoría Productores. Hay dos: Sandia maravillosa y Huerto de naranjas feliz.

7.6.4 Contactar

Es del tipo Lista contactos de categoría. En este caso es la categoría Equipo.

Los contactos Comprador y Propietario son de esta categoría.

Observamos que no aparece ningún campo (ni dirección, ni teléfono, etc.). Estos campos hay que rellenarlos expresamente.

7.7 ACCESO

De nuevo se trata de un formulario de acceso. Pensado seguramente para que abran sesión en el sitio los clientes de la Tienda de Frutas.

7.8 DIRECCIONES

Nos lleva al artículo direcciones (habría que tener cuidado con las opciones de los artículos. En concreto no parece conveniente en este caso presentar informaciones como la categoría, o el número de accesos, etc.).

7.9 RECETAS

O Recipes, es del tipo Lista de categorías y en este caso se trata de la categoría Recetas. Sin embargo, no hay ningún contenido de dicha categoría en el sitio, por lo que el enlace muestra el contenido de la categoría Recetas y un mensaje informando de que no hay ningún artículo de esta categoría almacenado en el sitio.

7.10 BANNERS

Observemos, además, la presencia de tres *banners*:

- Soporte Joomla! Spanish en position-9, que nos lleva a *http://joomlaspanish.org/*.

- PixelPro en position-10 que nos lleva a *http://pixelpro.es*.

- Diseño y Hosting Joomla! en position-11 que nos lleva a *http://www.webempresa.com/*.

7.11 PLUGINS

También en este ejemplo de sitio hay una gran cantidad de *plugins* instalados con una variedad de funcionalidades.

Si miramos en el Gestor de *plugins* encontramos, por ejemplo, que el editor TinyMCE presente en la edición y creación de artículos es un *plugin* que puede personalizarse.

Por ejemplo podemos hacer que su aspecto sea el de Office 2007 azul, con lo que mostrará algo parecido a lo que vemos en la figura 7.9.

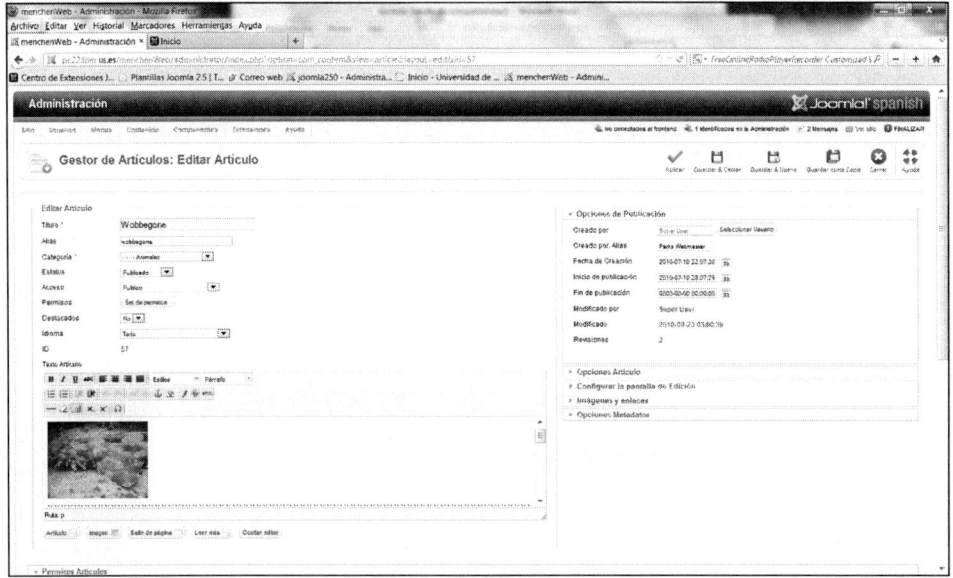

Figura 7.9. El editor TinyMCE en color azul

Capítulo 8

ESTUDIO DEL SITIO WEBGUARDERIA

Como primer ejemplo de sitio web vamos a crear uno para una guardería.

Se trata de ofrecer a los padres y profesionales que atienden a los niños de una guardería, un sitio que satisfaga algunas de las necesidades de información y gestión para estos colectivos.

Lo primero que haremos es instalar Joomla! (recuerde que debe ser usuario instalador en Windows 7), pero sin los datos de ejemplo, con lo que tendremos una página de inicio como la que se muestra en la figura 8.1.

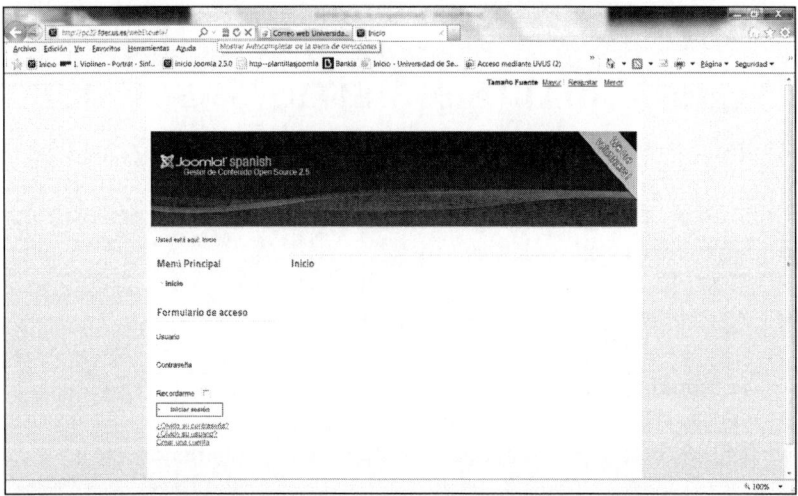

Figura 8.1. Página de inicio sin datos de ejemplo

Alguien se preguntará ¿cómo podremos administrar un sitio así? Muy fácil: bastará con ir a la página *http://localhost/WebGuarderia/administrator*, con lo que obtendremos la página de la figura 8.2 (cuidado con los acentos que no se admiten).

Figura 8.2. Administración del sitio WebGuarderia

WebGuarderia será el nombre del directorio correspondiente que colgará de c:/AppServ/www en nuestro PC.

8.1 FUNCIONALIDADES DEL SITIO WEBGUARDERIA

Como aspectos generales del sitio, se ofrecerán (entre otros) los siguientes servicios:

- Entrada y registro de usuarios

- Actividades (cuenta cuentos, dibujo, etc.)

- Personal (educadores infantiles, director, etc.)

- Menús de cocina (dieta normal, blanda, para celiacos, etc.)

8.2 PLANTILLA PARA LA GUARDERÍA

Según hemos visto existen cientos de plantillas ya creadas que pueden ajustarse a las necesidades de cada sitio.

En concreto nos descargaremos la plantilla Themza_j17_06 de la web *http://www.themza.com/baby-center-joomla-template.html*. Se trata de una plantilla especialmente indicada para el sitio que pretendemos crear.

La figura 8.3 muestra un ejemplo de utilización de dicha plantilla.

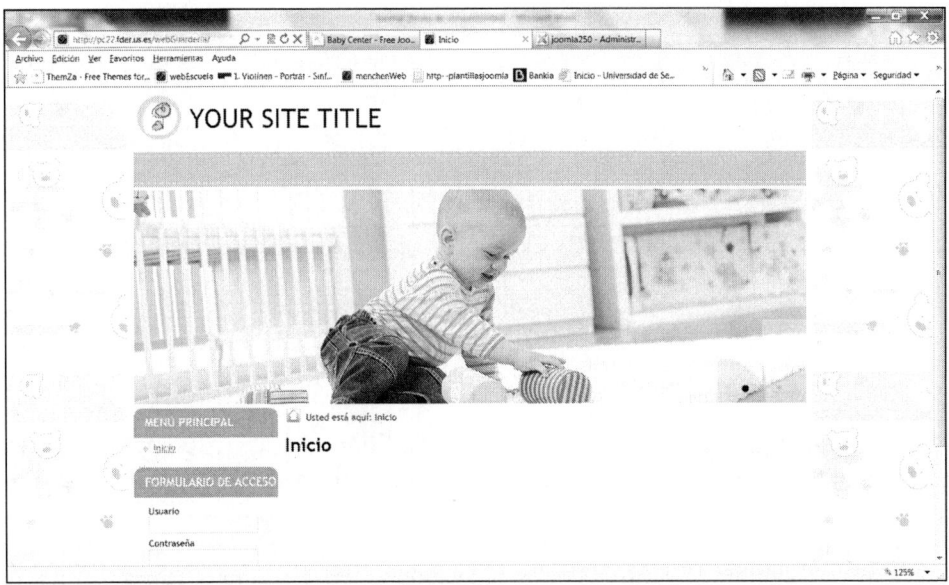

Figura 8.3. Plantilla Themza_j17_06 aplicada al sitio WebGuarderia

Para conseguir este efecto bastará con que en el **Gestor de menús** escojamos los elementos de **Menú Principal** y, en la ventana de edición del elemento **Inicio**, despleguemos el campo **Plantilla** y escojamos la plantilla indicada.

Además en el Gestor de plantillas declararemos que la plantilla por defecto sea Themza_j17_06 (de esta manera todos los menús que incorporemos adoptarán dicha plantilla).

8.3 LOGO

Lo primero que haremos será personalizar el logo. Para ello editamos el estilo de la plantilla y encontraremos una información como la que se muestra en la figura 8.4.

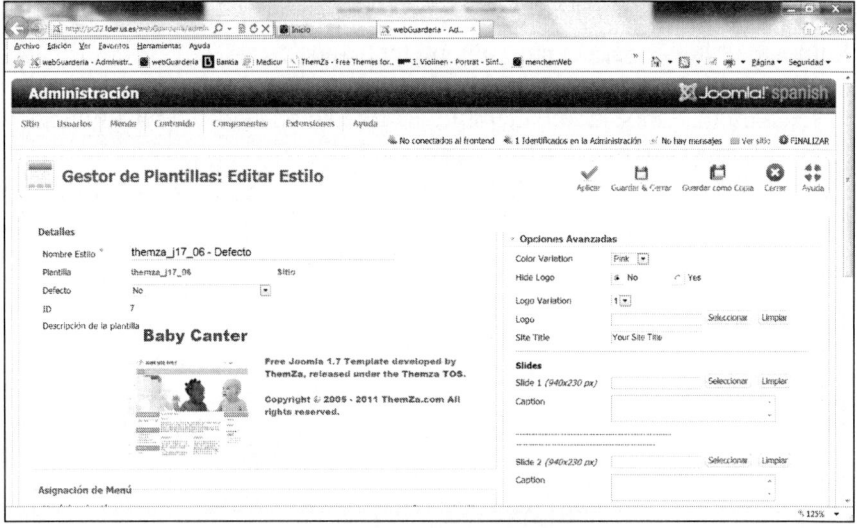

Figura 8.4. Edición del Estilo de la plantilla Themza_j17_06

Si nos fijamos en el panel derecho de la figura 8.4, en Opciones avanzadas encontramos varios cambios que podemos actualizar para adaptar la plantilla a nuestras necesidades.

Por lo pronto, si escogemos **Seleccionar** en el campo **Logo** podremos importar la imagen para el logo de la guardería (en concreto un patito Donald). También personalizaremos el título que acompaña a dicho logo (en nuestro caso va a ser Pato Donald - 2).

Las presentaciones (*slides*) pueden ser hasta 5 (3 por defecto), que van mostrando imágenes diferentes cada cierto tiempo.

Por ejemplo podríamos hacer una selección de 5 imágenes de niños entre 2 y 3 años que cambiarán con efectos diferentes (el intervalo de tiempo en ms y otros parámetros).

El aspecto de la página de inicio del sitio puede ser el de la figura 8.5

8.4 CUADRO DE BÚSQUEDAS

Otro componente que suele incluirse en una plantilla que se adapte a nuestro sitio es el cuadro de búsquedas de texto (que no está presente en la plantilla importada).

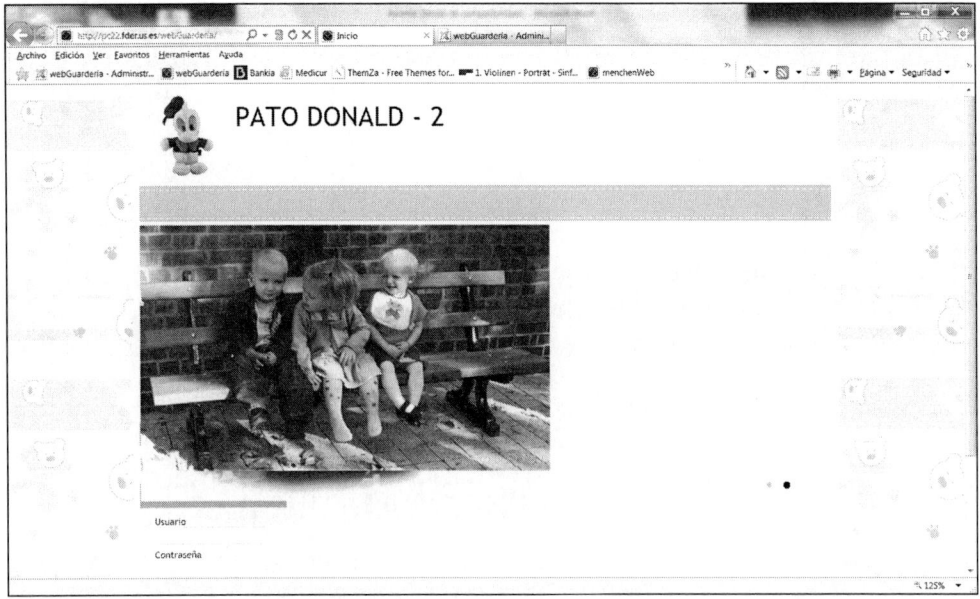

Figura 8.5. Página de inicio con logo y presentaciones cambiadas

Dicho cuadro suele encontrarse en la esquina superior derecha de la página de inicio.

Deberemos crear un módulo y seleccionaremos el tipo **Buscar** (ver figura 8.6).

Damos un título al módulo y elegimos la opción de ocultar dicho título.

A continuación hacemos clic en el botón de **Seleccionar posición** y en el cuadro de diálogo filtramos por la plantilla que estamos utilizando y escogemos position-0 (de manera que el cuadro de diálogo se mostrará en la posición esquina superior derecha, como deseamos).

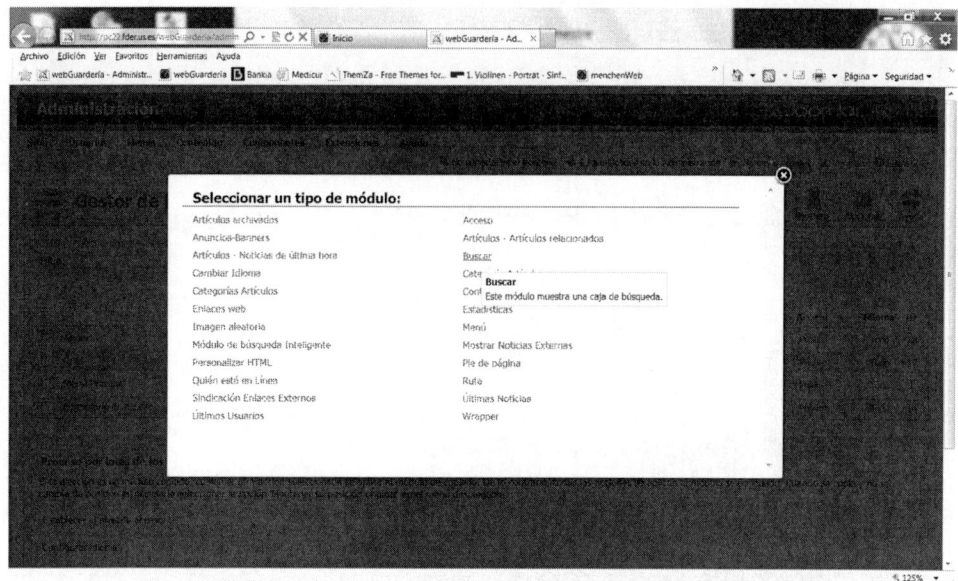

Figura 8.6. Tipo de módulo para el cuadro de búsquedas

8.5 ESTRUCTURA DEL SITIO GUARDERÍA

Aunque el número de profesionales que atienden los niños sea pequeño, y las actividades que estos realizan se cuenten con los dedos de una mano, es importante organizar la información que aparece en el sitio según una estructura jerárquica.

Joomla! utiliza las categorías para representar dicha jerarquía.

Así la educadora infantil Sra. Alicia que suele contarles a los niños un cuento, dispondría de una página donde mostrar o colocar sus cuentos.

Esta información vendría representada por la categoría Actividades, la subcategoría Cuenta cuentos y el artículo El patito feo (por ejemplo).

Desde el **Gestor de categorías** añadimos la categoría **Actividades**. Igualmente crearemos la categoría **Cuenta cuentos** y nos aseguraremos de que su categoría padre es Actividades.

A continuación crearemos un artículo para el cuento El patito feo.

Otras categorías que contemplará el sitio serán las del Menú de cocina y las de Personal.

En concreto tendremos una subcategoría para las distintas dietas que admite la cocina y una subcategoría por cargo del personal de la guardería.

Para las dietas tendremos un artículo con el menú, y para los cargos un artículo con las personas con dicho cargo.

La figura 8.7 muestra el aspecto del Gestor de categorías (de artículos) después de actualizarlo según las líneas indicadas.

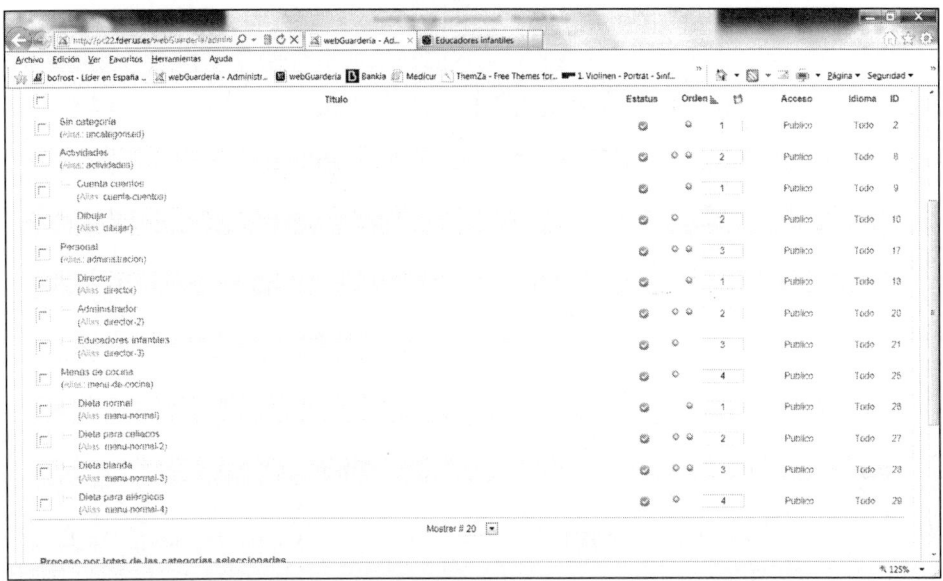

Figura 8.7. Gestor de categorías de artículos para la WebGuarderia

8.6 AÑADIENDO MENÚS

Se trata de incorporar a la página del sitio una barra de enlaces a las distintas categorías y, dentro de cada una de ellas, mostrar un menú desplegable con las subcategorías correspondientes.

Así para la categoría Actividades crearemos un elemento de menú para el Menú Principal que se llamará **Actividades**.

En el tipo de elemento de menú escogeremos **Lista de categorías** (dentro del apartado **Artículos**).

Colocaremos el formulario de acceso en position-10 (**Gestor de módulos**) y el Menú Principal en position-1 (con **Mostrar elementos del Menú secundario**). Ver figura 8.8.

Figura 8.8. Cambio de posiciones de Formulario y menús

Ahora es el momento de crear elementos de menú para las subcategorías de Actividades (vea figura 8.9 para la actividad de Cuenta cuentos).

De esta manera se mostrarán todos los artículos de la categoría Cuenta cuentos como un *blog*.

El orden de los artículos se establece en el Gestor de artículos haciendo clic sobre las flechas que aparecen en la columna **Orden** (ver figura 8.10).

Estableceremos en el campo correspondiente del panel derecho de la categoría Cuenta cuentos que el orden es el del Gestor de artículos (ver figura 8.11).

Para el menú Menús de cocina también reservamos el tipo Lista de categorías y las subcategorías para cada dieta serán del tipo Artículo simple (ya no se trata de un *blog*).

Por último para la categoría Personal seguiremos el mismo diseño apuntado en la categoría Actividades.

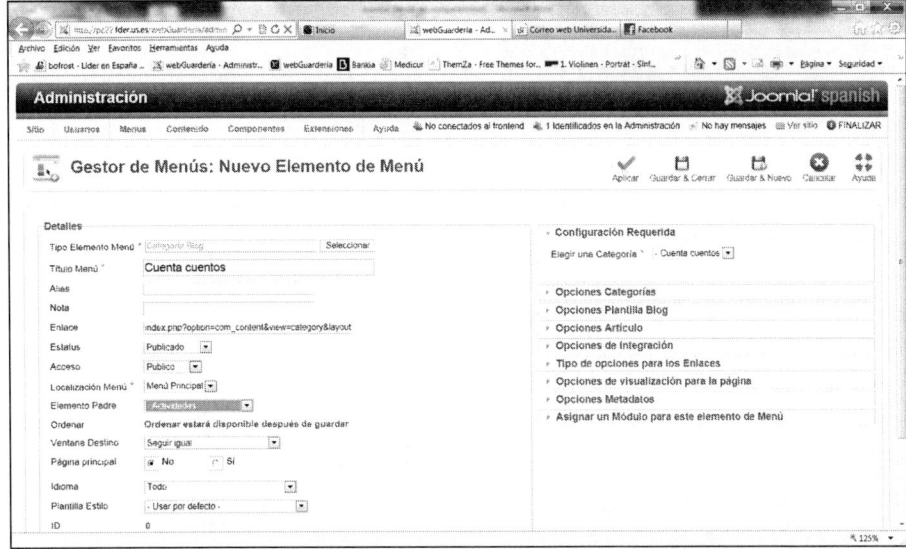

Figura 8.9. Edición del elemento de menú Cuenta cuentos

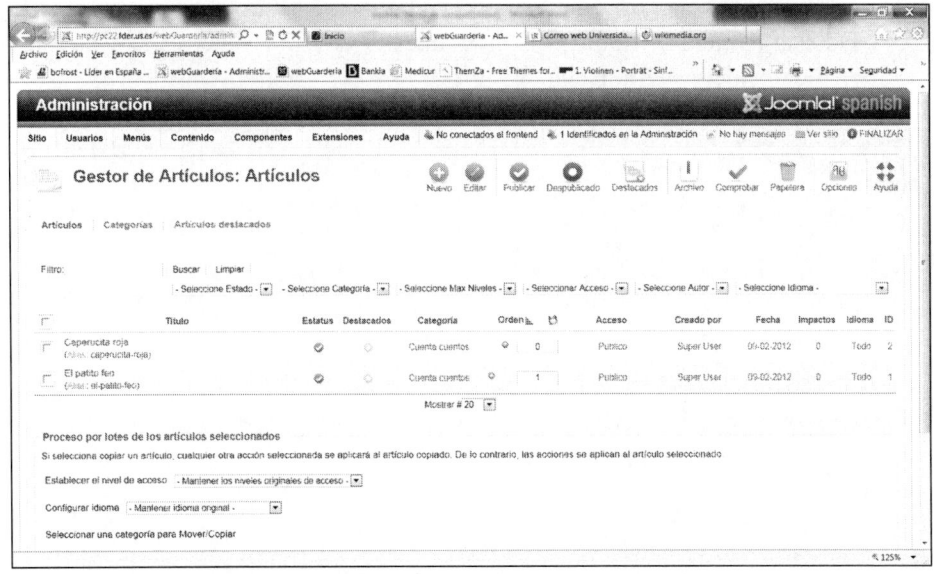

Figura 8.10. Orden de los artículos de Cuenta cuentos

Es interesante señalar que para ahorrarnos el proceso de creación podemos utilizar el botón **Guardar como copia** de la barra de herramientas y cambiar después el nombre, la categoría padre y el elemento del menú de que se trate así como el tipo del mismo si procede.

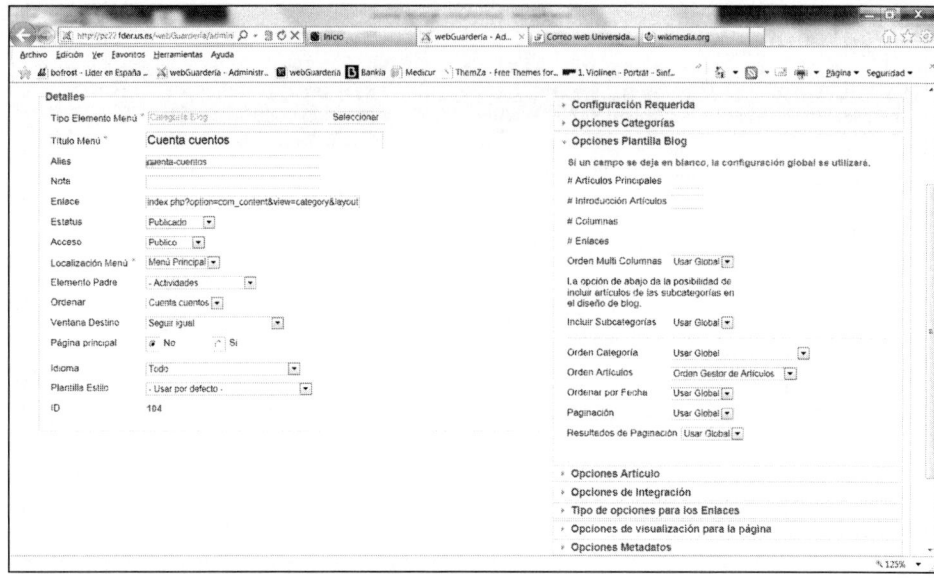

Figura 8.11. Orden de aparición de los cuentos

De esta manera la figura 8.12 nos muestra el aspecto del Gestor de menús con los elementos del Menú Principal.

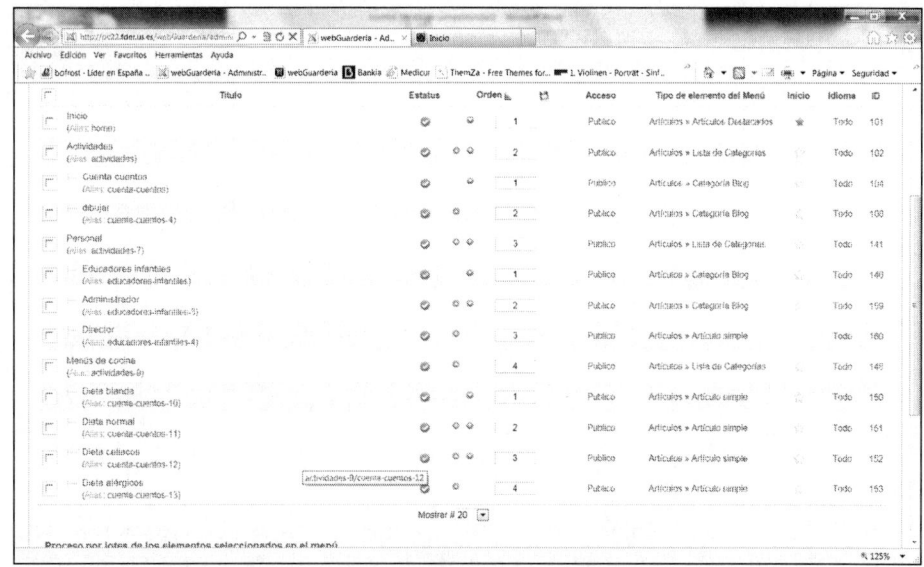

Figura 8.12. Elementos del Menú Principal para la WebGuardería

8.7 MÓDULOS

Para que las categorías muestren el contenido que tienen asignado (y listar las subcategorías y estas a su vez su contenido), es necesario que creemos un menú para cada una de ellas. Después copiaremos (utilizando el proceso de copia por lotes que aparece al final de la página del Gestor de elementos de menú) cada elemento de menú en el menú creado para su categoría.

Véase, por ejemplo, los elementos de menú para el menú Menús de cocina en la figura 8.13.

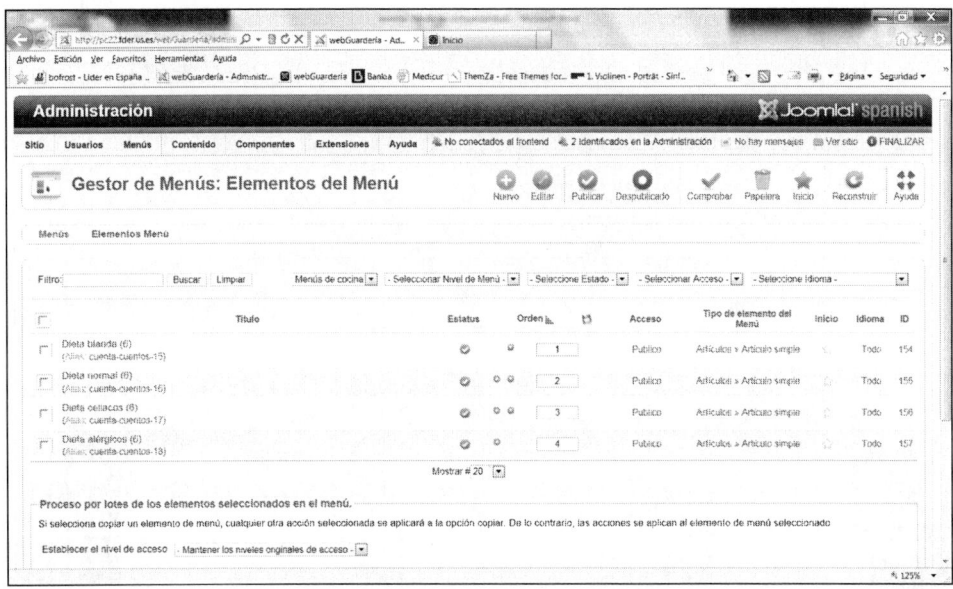

Figura 8.13. Elementos de menú de Menús de cocina

Como puede observarse todos los elementos son copias (6) de los elementos correspondientes del Menú Principal (cualquier cambio que realicemos en estos, se reflejará en aquellos).

Al menú Menús de cocina le asignaremos el módulo Menú de cocina que es de tipo Menú y está en la posición left (vea las figuras 8.14 y 8.15 donde se tienen los menús y el contenido de uno de los módulos).

Para evitar que al abrir el menú (por ejemplo) Dieta normal se muestre el nombre de la categoría, autor, y demás información (en principio) irrelevante, debemos ir al **Gestor de artículos** y editar las opciones globales para estos (botón **Opciones** de la barra de herramientas. Ver figura 8.16).

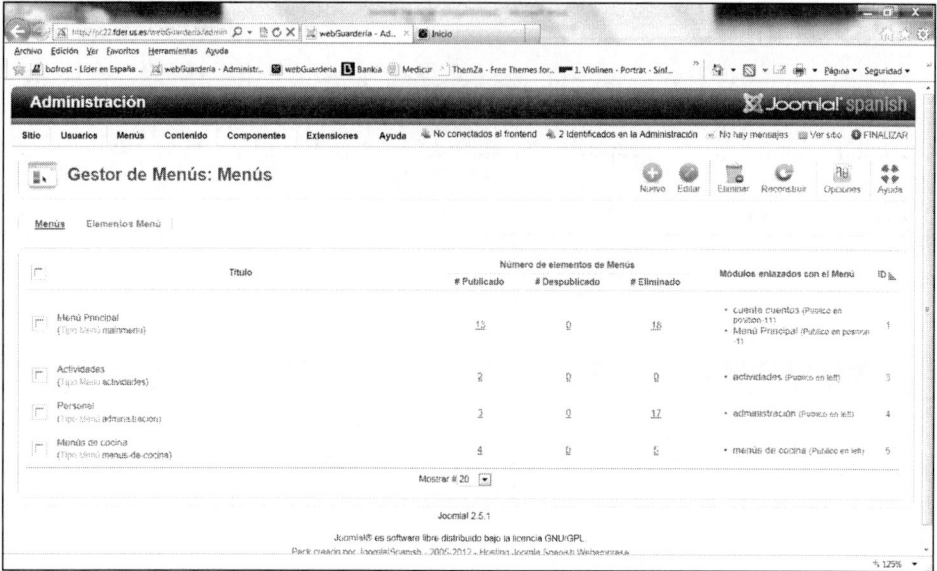

Figura 8.14. Menús para la WebGuarderia

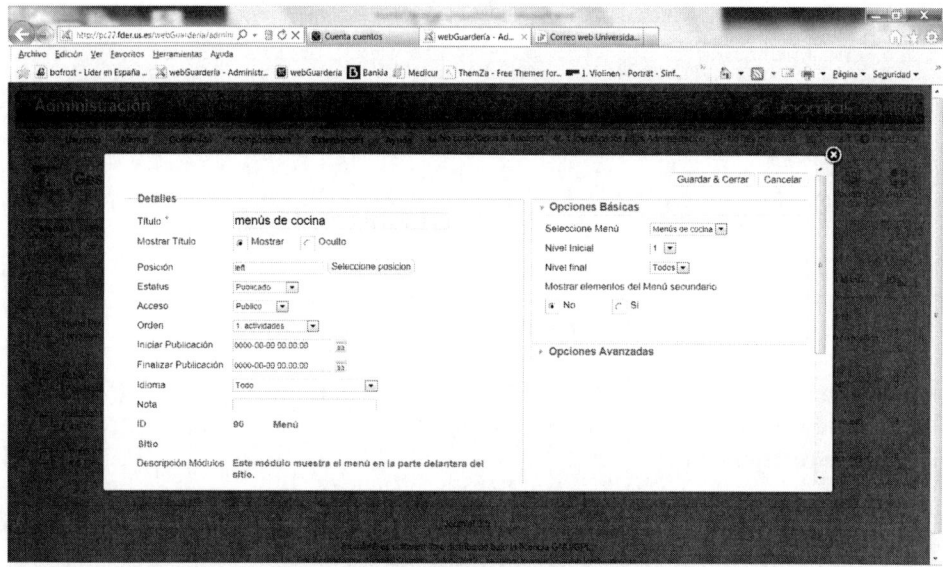

Figura 8.15. Módulo Menú de cocina

En concreto haremos Ocultos mostrar categoría, mostrar padre, mostrar autor y distintas fechas (de creación, modificación, etc.).

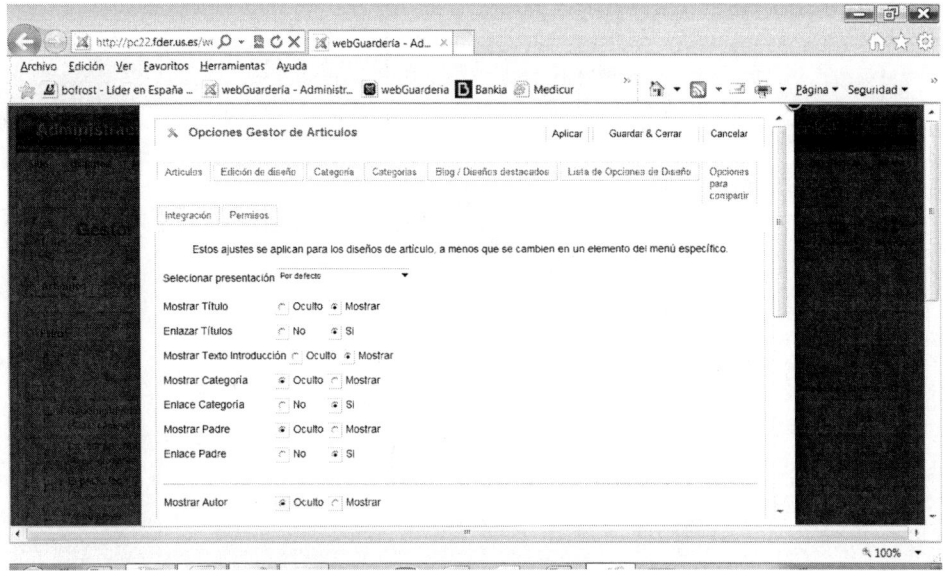

Figura 8.16. Opciones globales para los artículos

8.8 PIE DE PÁGINA

Es muy habitual que en el pie de página de todas las páginas del sitio aparezca la dirección de la guardería (en este caso).

Podemos hacerlo con un módulo HTML personalizado y colocándolo en la position-9 (queda más abajo). Para escoger la posición filtre por la plantilla escogida por defecto.

Tendremos una imagen como la de la figura 8.17.

8.9 USUARIOS Y GRUPOS

Joomla! (como puede observarse desde la página Inicio) admite distintos tipos de usuarios con diferentes perfiles.

En el contexto de nuestra guardería, la idea es que un grupo de usuarios pueda (además de visitar la web) completar o cambiar artículos (sobre actividades, menús de cocina, etc. En términos de Joomla!: enviar artículos).

Así, para la Sra. Alicia que tiene asignada la actividad de Cuenta cuentos, le crearemos una cuenta asignando privilegios de edición y creación de artículos.

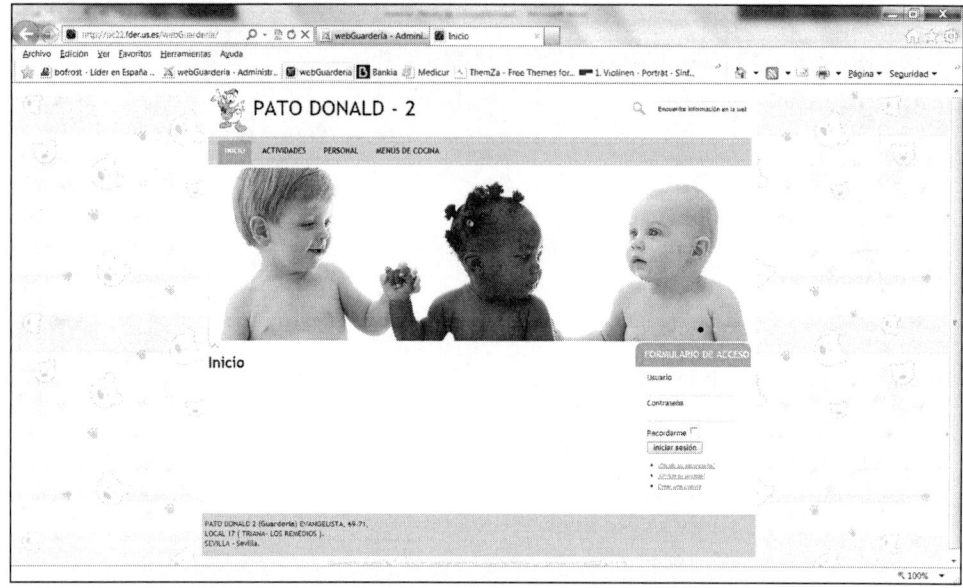

Figura 8.17. Pie de las páginas web con la dirección de la guardería

Para realizar estas acciones, lo primero que haremos es asignarle el módulo Formulario de acceso a todas las páginas (para poder salir de la sesión en cualquier página).

A continuación añadiremos un menú nuevo que se llame Menú usuario que le permita dos acciones (elementos de menú): editar perfil (el usuario puede cambiar su nombre y contraseña, por ejemplo), y enviar un artículo.

El módulo asignado a dicho menú será del tipo Menú usuario y lo colocaremos en position-7 (antes del Formulario de acceso).

Además se podrá ver en todas las páginas.

El acceso de los elementos de menú debe ser Registrado o Especial (de esta manera solo los usuarios de los grupos que tengan esos niveles de acceso podrán acceder a un perfil y enviar artículos).

La figura 8.18 muestra el contenido del menú Editar perfil.

Observar que el nivel de acceso es Registrado. Esto querrá decir que Alicia tendrá que pertenecer a alguno de los grupos Gestor, Autor o Superusuario.

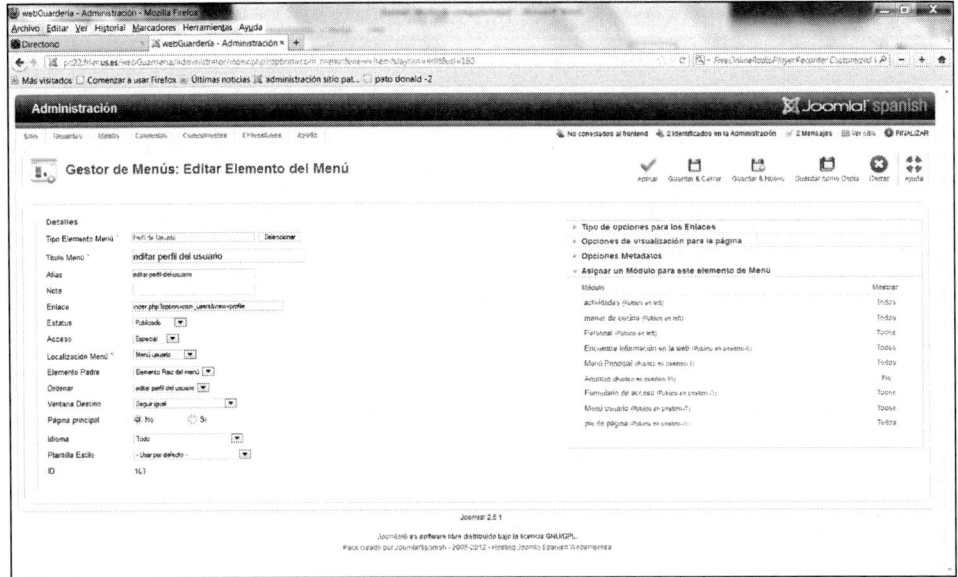

Figura 8.18. Menú Editar perfil de usuario

Si, por ejemplo, creamos el usuario Alicia y le asignamos el grupo Autor, podrá editar su perfil ya que su grupo padre es Registrado y este grupo tiene acceso al nivel Registrado.

Sin embargo, si hacemos que Alicia sea del grupo Público, veremos que nos aparece una ventana de negación de servicio ya que no tiene privilegios para acceder a su perfil (o enviar un artículo).

En cuanto al otro elemento de menú de usuario, Enviar un artículo, podremos realizar varias acciones.

Si lo englobamos bajo la categoría de Artículo en general, le asignaremos el nivel de acceso Registrado. Sin embargo, si solo queremos que Alicia pueda añadir artículos (cuentos), crearemos un nivel de acceso nuevo (Cuenta cuentos) y le asignaremos dicho nivel de acceso al elemento de menú (que llamaremos Enviar un cuento). Ver figura 8.19.

Podríamos hacer, por ejemplo, que el grupo Cuenta cuentos sea un tipo de Publicador (ver figura 8.20). De esta manera, ni los Registrados, Autores, Editores o Publicadores podrían crear cuentos.

Además, tendremos que crear un nivel que sea Cuenta cuentos y al que solo tengan acceso los del grupo Cuenta cuentos.

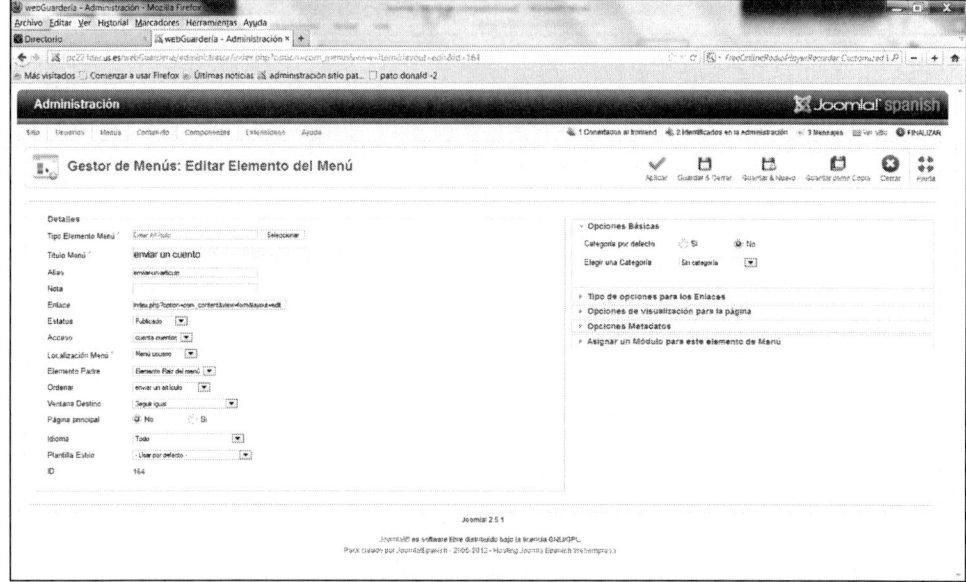

Figura 8.19. Enviar un cuento (nivel Cuenta cuentos)

Figura 8.20. Grupo Cuenta cuentos

8.10 PÁGINA DE INICIO Y ARTÍCULOS DESTACADOS

La página de Inicio muestra en guardería la palabra Inicio.

Puede hacerse que aparezcan una serie de artículos con el título personalizado de Directorio.

La idea en el caso de la guardería es que se muestren los artículos relacionados con las personas que trabajan en la misma y sus cargos.

La imagen de la figura 8.21 tiene la configuración señalada, de manera que las tres personas que integran la guardería se muestran con los tres enlaces a los artículos que contienen información acerca de las mismas.

Figura 8.21. Página de Inicio personalizada

Para obtener este resultado bastará con que cambiemos el nombre del elemento de Menú Principal de Inicio a Directorio, y que en los artículos que se muestran con el Gestor de artículos (figura 8.22), hagamos clic en la estrella de la columna **Destacados**.

8.11 DOCUMENTOS

Aunque se trate de una guardería, es muy probable que se quiera incluir en la web la funcionalidad de descarga de documentos.

Así por ejemplo, podríamos hacer que el usuario Mariló (Directora y Super usuaria del centro), fuese quien tuviese privilegios para ejecutar la descarga de documentos (hojas de cálculo con los presupuestos o gastos del centro, documentos que contengan informes o los currículum de sus empleados, etc.).

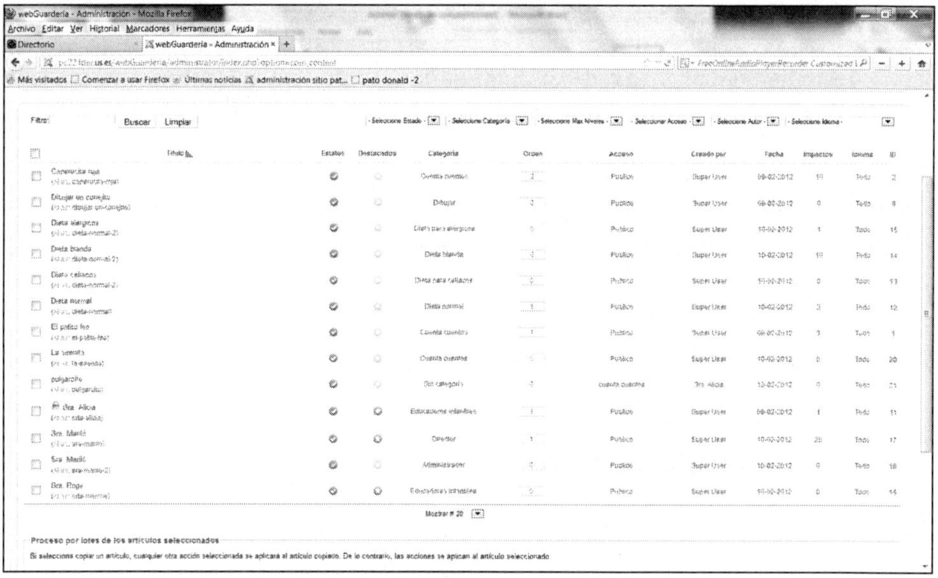

Figura 8.22. Artículos destacados

Por lo pronto crearemos el nivel de acceso Superusuario de la guardería y el grupo Superusuario de la guardería que tengan acceso a este nivel. Haremos que el usuario Mariló sea del grupo Superusuario de la guardería (descendiente de Publicador).

Deberemos crear un menú Documentos donde tengamos un elemento de menú que sea Vista de documentos. A dicho elemento solo tendrá acceso el Superusuario de la guardería.

Para enlazar un documento como Informs_2011.pdf dentro de un artículo cuando editemos el enlace (*link*) deberemos especificar la ruta completa:

http://pc22.fder.us.es/WebGuardería/images/documentos_guardería/infor mes_2011.pdf

Esto significa que el usuario Mariló cuando cree el enlace escribirá esta ruta completa (ver figura 8.23).

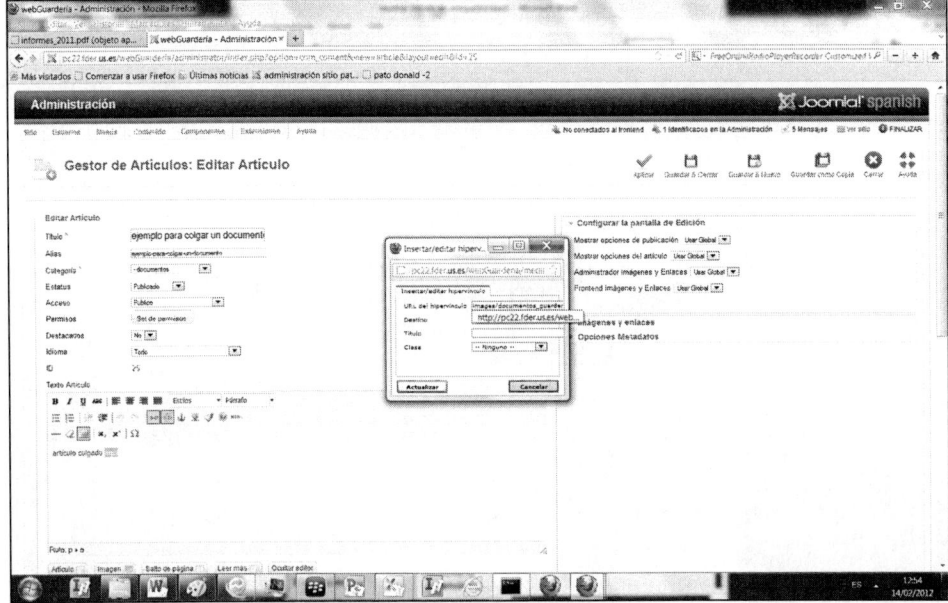

Figura 8.23. Ruta completa del documento

Además Mariló será el usuario que verá el menú Documentos (ver figura 8.24).

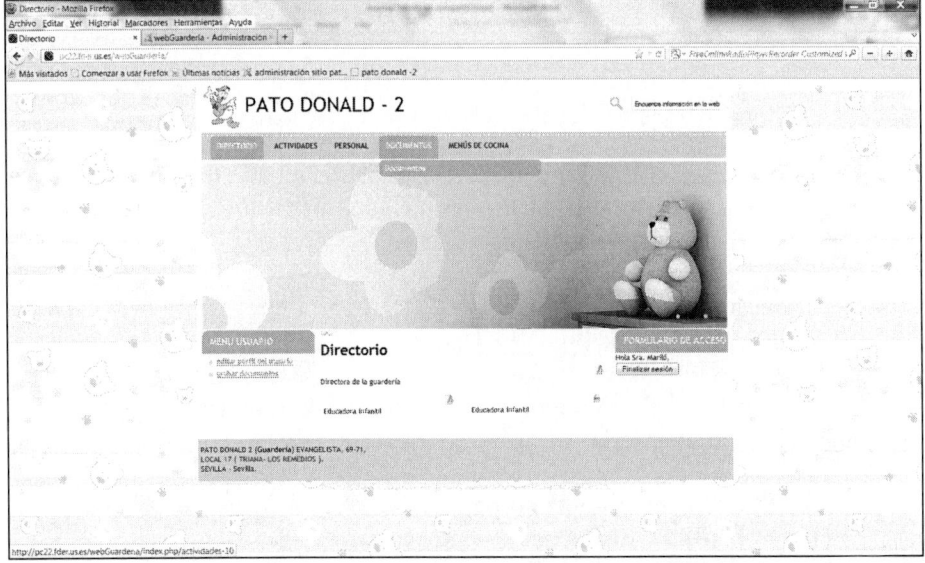

Figura 8.24. Menú Documentos para el usuario Mariló

Pueden colgarse todo tipo de archivos (*.docx, por ejemplo).

En opciones del Gestor multimedia se establecerán las extensiones permitidas. Ver figura 8.25.

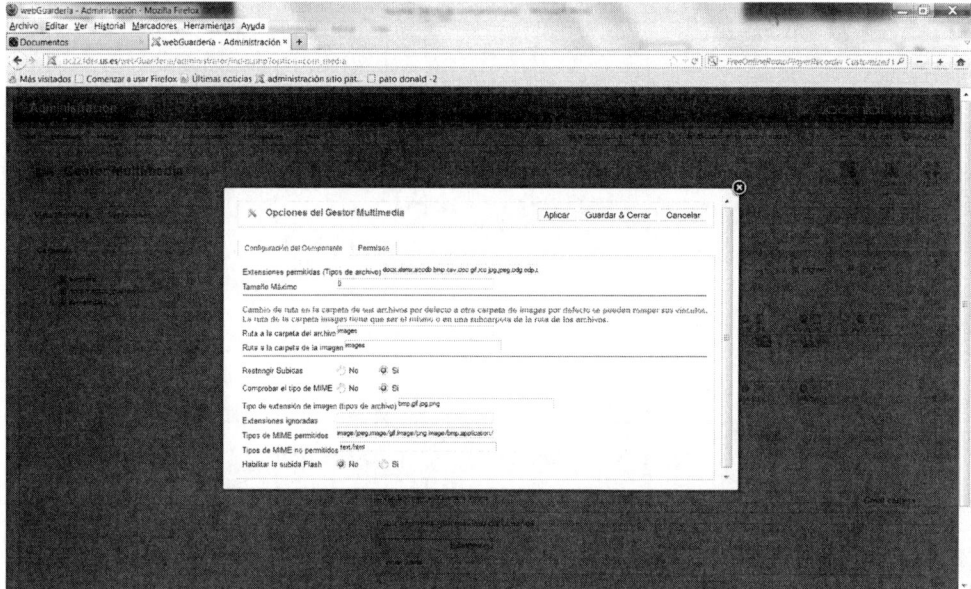

Figura 8.25. Extensiones permitidas en el Gestor multimedia

8.12 CONTACTOS

Los usuarios del sitio WebGuarderia tienen asignada una dirección email. Existe un módulo que permite listar los contactos y disponer de las direcciones de correo para enviarles mensajes a dichos usuarios.

Lo primero que haremos es crear una categoría nueva para el componente contactos.

La secuencia es **Componentes -> Contactos -> Categorías -> Nuevo** y la llamaremos Personal guardería.

Ahora crearemos un contacto para cada persona (usuario registrado) de la guardería (figura 8.26).

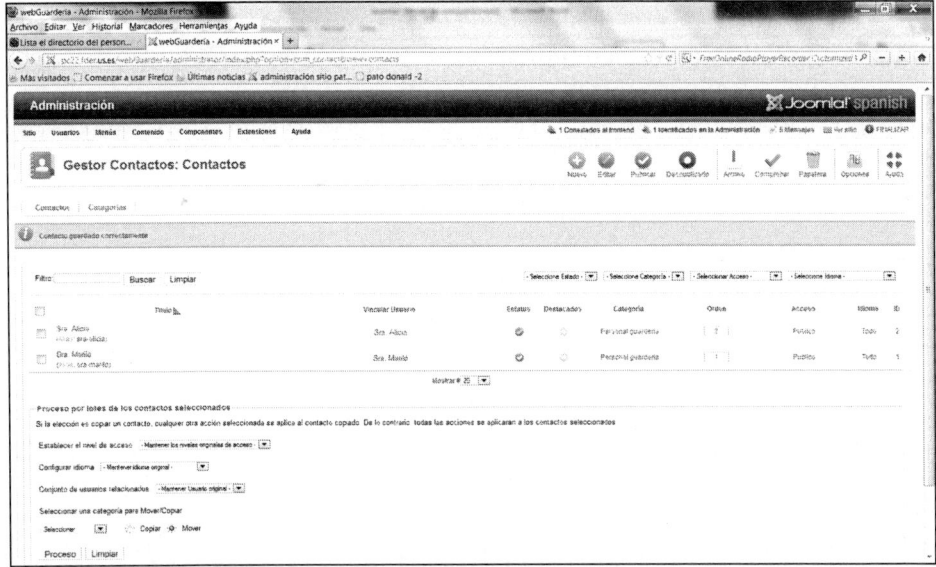

Figura 8.26. Contactos en el sitio WebGuarderia

Por último añadiremos un elemento de menú a Menú Principal que liste los contactos de una categoría y elegiremos la categoría Personal guardería.

El resultado puede verse en la figura 8.27.

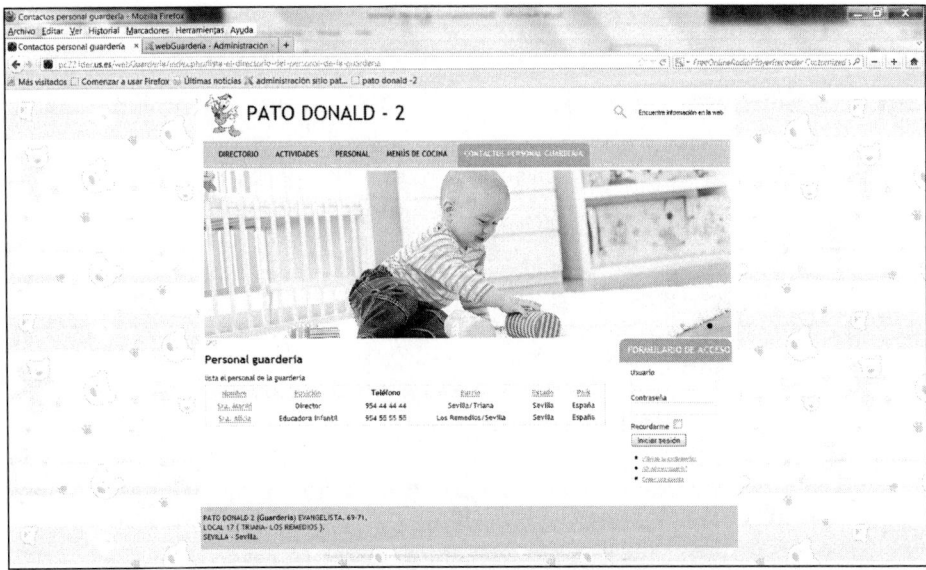

Figura 8.27. Lista de contactos

Por cuestiones de seguridad podría hacerse que esta información solo fuera asequible a personal autorizado (podríamos crear una cuenta Autorizados con una clave que solo se facilitaría a personas de confianza. El proceso para que solo estas pudiesen ver los datos personales es exigir el nivel de acceso Autorizados para el elemento de menú creado).

8.13 CORREO MASIVO

Es muy usual en un sitio el enviar el mismo correo (una noticia importante) para grupos de usuarios. En nuestro caso el personal de la guardería (y los usuarios autorizados que podrían ser los padres).

En la opción **Configuración global** del menú del sitio **Panel de control** para el Superusuario, disponemos de la pestaña **Servidor** (figura 8.28).

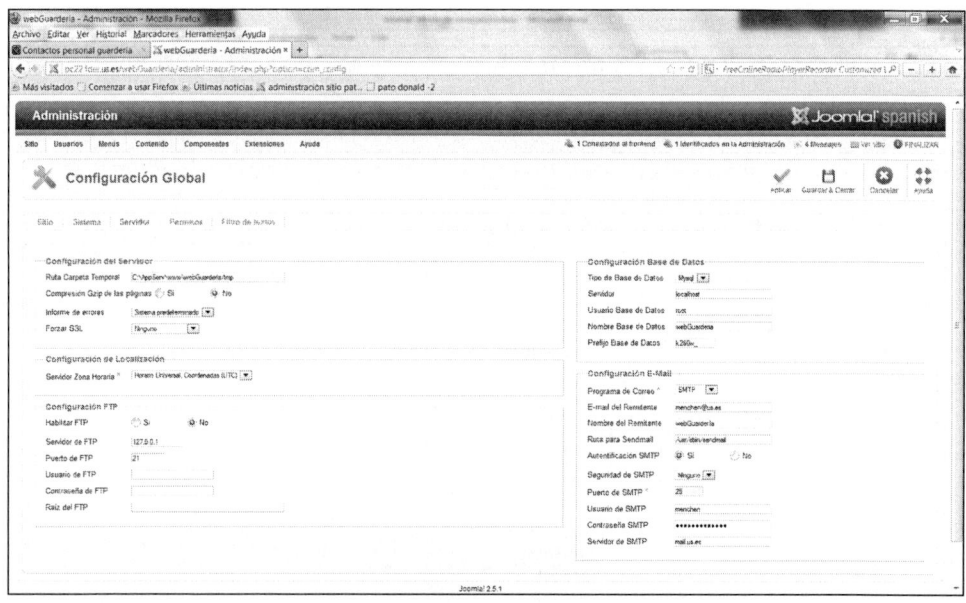

Figura 8.28. Configuración del servidor de correo

En concreto se utiliza para la guardería el tipo de correo SMTP y el servidor de la universidad de Sevilla mail.us.es. Esto permite que podamos enviar correo masivo (**Contenido -> Correo masivo usuarios**) a los distintos grupos de usuarios del sitio WebGuarderia.

8.14 MAPA DEL SITIO

Para disponer del mapa del sitio WebGuarderia (una información de cómo están enlazadas las diferentes páginas web), deberemos realizar las siguientes operaciones:

- Copiamos el módulo Menú Principal pero en una posición alejada de las utilizadas (por ejemplo position-12).

- Creamos un artículo (sin categoría) y escribimos en el mismo el texto {loadposition position-12}.

- Cree un elemento de menú del Menú Principal que se llame Mapa del sitio y que enlace con el anterior artículo.

Deberá obtener una página de inicio como la de la figura 8.29.

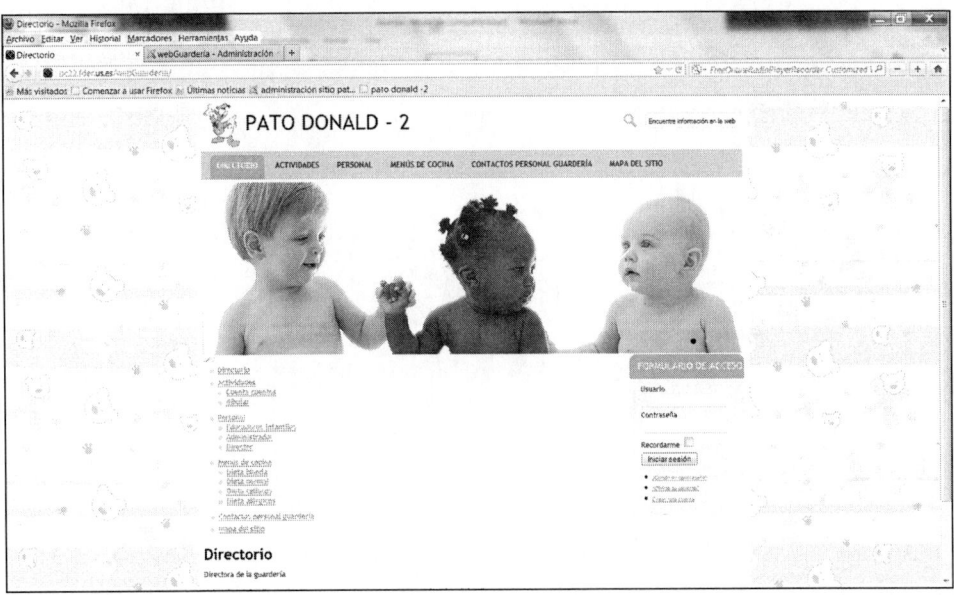

Figura 8.29. Página de inicio con Mapa del sitio

Capítulo 9

OTROS SITIOS

Aquí estudiaremos otros dos sitios: un hotel y un *blog* personal.

El primero es un sitio para un pequeño negocio y tendrá unos requerimientos especiales. Así, será interesante mostrar a los visitantes galerías de imágenes con los productos que se ofrecen, o establecer un boletín de noticias (vía email con el que mantener informados a nuestros clientes), etc.

De igual manera, un *blog* personal es un sitio con unas características muy especiales que estudiaremos con detalle en este capítulo.

9.1 JUSTIFICACIÓN DE UN SITIO PARA UN HOTEL

Estudios recientes han observado que los visitantes gustan de sitios en los que el contenido cambie frecuentemente, demandando además interactuar lo más posible con el sitio.

Un hotel es un buen ejemplo de pequeño negocio donde podemos añadir interactividad y de esta manera hacerlo más atractivo.

9.2 CARACTERÍSTICAS DEL SITIO

Como ocurría en todos los ejemplos que hemos estudiado, este sitio tendrá una serie de características que determinarán el mapa del sitio.

En concreto estableceremos una serie de informaciones básicas más algunas extensiones.

Un sitio Joomla! tiene como ventaja respecto a otros diseños precisamente el que pueden añadirse fácilmente funcionalidades nuevas (extensiones) a partir de la estructura básica.

Estas son las informaciones básicas del sitio para el hotel:

- Habitaciones

- Ofertas especiales

- Novedades

- Direcciones

- Contactos

Además, se incluirán las siguientes extensiones:

- Galería de imágenes: de esta manera el usuario tendrá una vista de la habitación o el producto que se ofrece en el sitio.

- Noticias por email: siempre podemos fidelizar a los visitantes para que se abran una cuenta en el sitio y así poder mantenerlos informados de las novedades y ofertas que hagamos.

- Mapas: es mucho más atractivo que los clientes puedan acercarse a nuestro negocio con el conocimiento de un mapa, para lo que dispondremos de, por ejemplo, Google Maps.

9.3 PLANTILLA PARA EL HOTEL

Como en casos anteriores, aquí nos planteamos qué plantilla utilizaremos para el sitio.

Como hicimos en el ejemplo de la guardería, lo primero que nos plantearemos para crear nuestro sitio (tras una instalación limpia) es importar una plantilla adecuada para el mismo.

En concreto, nos referimos a la plantilla siteground-j16-14 que puede descargarse de forma gratuita en Internet (*www.siteground.com*).

El aspecto de la misma puede verse en la figura 9.1.

Figura 9.1. Aspecto del sitio con la plantilla siteground-j16-14

9.4 ORGANIZACIÓN DEL CONTENIDO DEL HOTEL

Al categorizar este sitio encontramos el siguiente bosque:

- Inicio
  - Presentación del sitio
- ¿Quiénes somos?
  - Descripción del hotel
- ¿Qué ofrecemos?
  - Habitación1
  - Habitación2
- Contactar
  - Contacto

Inicio es del tipo Artículos destacados.

Presentación del sitio será un artículo de la categoría Presentación y lo haremos Artículo destacado (una estrella azul en la columna Artículo destacado).

¿Quiénes somos? es de la categoría Artículo simple.

El artículo Descripción del hotel será del tipo Identidad.

¿Qué ofrecemos? puede ser un elemento de menú (también en Menú Principal) del tipo Categoría blog para el que elegimos la categoría Habitación, Habitación1 y Habitación2 serían de la categoría Habitación.

Y, por último, Contactar puede ser un elemento de menú (en Menú Principal) del tipo Lista todas las categorías de contacto.

Contacto será de la categoría (de contacto) Dirección.

9.5 ALMACÉN DE IMÁGENES

Una vez que dispone de una galería de imágenes que quiere mostrar, puede usar el módulo Imagen aleatoria (visto en un capítulo anterior) para que el sitio web muestre una de las imágenes que descargue en el directorio (normalmente Images) de la instalación de Joomla!.

9.6 MAPAS

Es importante dar a los visitantes del sitio una visualización clara del lugar en que se encuentra en el mapa nuestro negocio.

Precisamente el tipo de elemento de menú URL embebida en un marco incorporado es el indicado para este caso.

Lo que haremos es buscar una localización en Google Maps (por ejemplo).

Después haciendo clic en **Enlazar** copiaremos el código.

Vea en las figuras 9.2 y 9.3 un ejemplo para nuestro restaurante.

Figura 9.2. Localizar el sitio y copiar el código

Figura 9.3. Resultado de embeber el mapa en el sitio

9.7 SITIOS BLOG

El concepto de *blog* ha ido evolucionando rápidamente a partir de un modelo inicial en el que su dueño lo utilizaba como un diario.

Efectivamente, hoy pequeñas y grandes empresas utilizan los *blogs* para su promoción.

Sin embargo, mientras que los primeros *blogs* no eran más que una serie de post o entradas cortas junto con enlaces a los artículos completos, actualmente se tratan como una forma de comunicación en continuo cambio y con funcionalidades para que el visitante interactúe con el dueño del sitio.

9.7.1 Concepto actual de blog

La estructura más frecuente de un *blog* es la de un sitio que muestra post frecuentes que versan sobre una serie de temas en los que está interesado el dueño del sitio.

Además, la mayoría de los *blogs* permiten que los visitantes dejen comentarios sobre los post que leen. De esta manera los visitantes se encuentran más motivados para abrir las páginas del *blog*.

Por último, los *blogs* están escritos en primera persona y la frecuencia de los post suele ser muy alta. Así, algunos *blogs* contienen entradas diarias o semanales. Los post suelen ser breves e incluyen un enlace Leer más (como las entradas que vimos en un capítulo anterior).

9.7.2 Bloggers existentes

Hay muchas opciones en Internet muy atractivas para construirse *blogs* personales gratuitos (con características limitadas).

Solemos llamar Bloggers a estas aplicaciones colgadas en Internet.

Quizás la más interesante sea la que ofrecen conjuntamente Wordpress y Writer de Windows Live.

En efecto, si dispone de Windows 7 (o XP, aunque la interfaz va a ser más simplona), puede descargarse de *http://download.live.com/* el paquete de Windows Live Essentials donde viene incluida la aplicación para *blogs* llamada Writer.

Writer hace doble función: nos permite crear entradas de *blog* y, en un segundo paso, publicarlas en cualquier servicio o plataforma para *blogs*.

Con este programa dispondremos de una vista previa de cómo quedaría la nueva entrada en nuestro *blog*, antes de su publicación definitiva.

Writer nos facilita añadir fotos a las entradas del *blog* y aplicarles bordes y otros efectos. Igualmente, con los vídeos encontraremos muchas facilidades con Writer. Por ejemplo podremos publicar nuestros vídeos desde YouTube e incrustarlos en nuestro *blog*.

Antes de comenzar a usar Writer deberemos disponer de una cuenta en algún proveedor de servicios de *blog*.

Con *https://en.wordpress.com/signup/* abrimos una cuenta de *blog* muy fácilmente en Wordpress.

Sin embargo, estos *blogs* tienen algunas carencias que podremos solventar utilizando Joomla!.

Así, si quisiéramos ampliar la funcionalidad de nuestro *blog* para algo más que publicar artículos, con un Blogger difícilmente podremos conseguirlo.

Es posible, por ejemplo, que nos interese añadir a nuestro *blog* un foro, o establecer notificaciones por email con los visitantes, etc.

Nada de esto podrá realizarlo con Wordpress, por ejemplo, ya que los *blogs* están diseñados de forma cerrada, de manera que no pueden ampliarse.

9.7.3 Funcionalidades de un blog

Cada una de las características que vamos a presentar pueden añadirse utilizando Joomla! para su *blog*.

Algunas de ellas son:

- Categorización del contenido: aunque Bloggers como Wordpress permiten asignarles categorías a las entradas, no lo harán de forma tan flexible (con una jerarquía) como un sitio Joomla!. Como sabemos esto es importante sobre todo para sitios muy extensos donde una buena categorización es crítica para la ampliación y el mantenimiento del sitio.

- URL fácil: si los motores de búsqueda (como el que utiliza Google) tienen que encontrar una entrada de su *blog*, será preferible que el URL incluya palabras clave sobre la misma. Esto es posible hacerlo en un sitio Joomla!.

- Correo con los visitantes: parece muy interesante disponer de una característica para enviar un correo a sus visitantes habituales (que previamente se han incorporado a su sitio abriendo una cuenta). De esta manera dispondrá de una lista para notificarles que ha añadido una serie de entradas a su *blog*.

- Búsquedas inteligentes: cuando el *blog* contiene muchas entradas, es crítico disponer de un sistema de búsqueda potente como el que ofrecen los módulos de búsqueda que podemos incorporar fácilmente a nuestros sitios para *blog*.

9.7.4 Categorías dentro de un blog

Dependiendo del tipo de *blog* que vayamos a implantar llevaremos a cabo una categorización del sitio diferente.

Si el *blog* pertenece a una organización servirá de apoyo a la comunicación de la misma.

Un ejemplo lo hemos visto en el sitio Parques Australianos (ver figura 7.3) donde disponíamos de un enlace, Park Blog, por el que accedemos a un *blog* para el sitio.

En este tipo de sitios la categorización consistirá, en general, en un elemento de menú del tipo Categoría blog que mostrará una serie de post que serán categorías y subcategorías de la Categoría blog del sitio.

A diferencia de los *blogs* típicos diseñados con Bloggers, las entradas o artículos se podrán mostrar en el orden que se quiera (destacados, más recientes primero, más antiguos primero, orden alfabético de los títulos, etc.).

También podríamos crear elementos de menú de otros elementos de menú y permitir que el visitante eligiese solo las entradas de cierta categoría.

Si el *blog* es personal, la página de inicio mostrará las entradas más recientes del *blog*.

En la figura 9.4 hemos instalado la plantilla Business9 para usarla en nuestro *blog* Jóvenes intérpretes (*blog* dedicado a los amantes de la música clásica).

Figura 9.4. Blog para Jóvenes intérpretes

En dicha figura las entradas están ordenadas desde la más reciente a la más antigua (como es habitual en los *blogs* diseñados con Bloggers).

Para poder visualizar así la página de Inicio del sitio hay que hacer algunos ajustes respecto a la instalación de un sitio limpio.

Por lo pronto en el panel derecho del **Gestor del menú** Inicio elegiremos la **Categoría blog Jóvenes intérpretes** en las opciones básicas. Dicha categoría tendrá como subcategorías a las categorías: organización, conciertos, festivales y concursos.

En las Opciones para las plantillas Blog incluimos subcategorías, el orden de la categoría es Ninguno y el orden de artículos es el más reciente primero.

En las opciones de los artículos solo mostramos el título.

De todas formas aquí se aprecian ciertas carencias (aparte de faltar algunas imágenes y la previsualización del vídeo que se apunta en la segunda entrada más antigua).

Si observamos el mismo *blog* diseñado con la combinación de Writer y Wordpress (ver figura 9.5), encontramos que nos falta un panel derecho donde (al menos) el autor del *blog* pueda abrir sesión para añadir nuevas entradas.

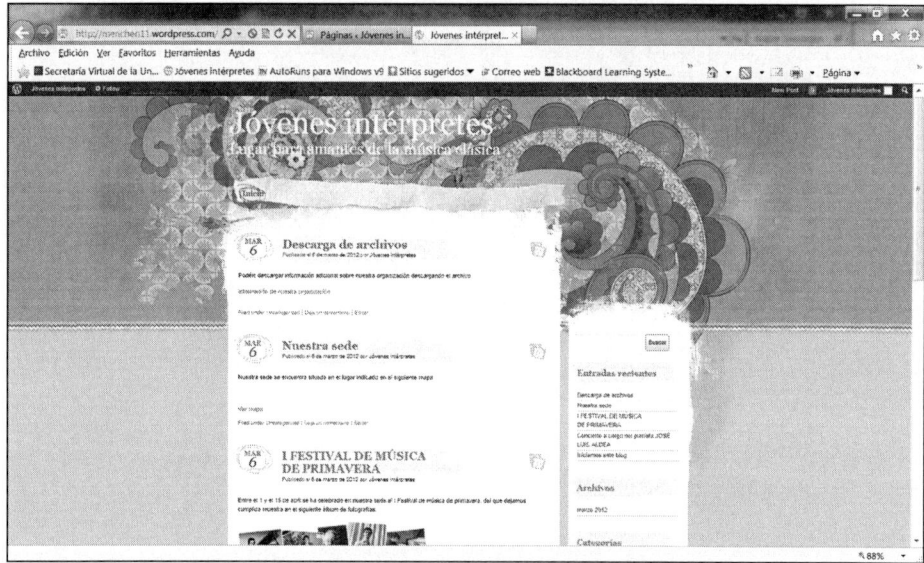

Figura 9.5. Blog diseñado con Writer y una plantilla de Wordpress

También observamos un módulo para encontrar información en el sitio o enlaces a las entradas.

Todos estos elementos pueden añadirse fácilmente a nuestro *blog*.

Así, la figura 9.6 muestra algunos de estos elementos incorporados al *blog* como sitio Joomla! (para las entradas se ha utilizado un módulo Lista de categorías de artículos y se ha colocado en la posición right).

Para añadir el vídeo del pianista Jose Luís Aldea (mencionado en la segunda entrada), tendremos que instalar un *plugin* como JoomlaWorks 'AllVideos' Plugin v4.4 for Joomla! (activarlo) e incluir en el lugar correspondiente de la edición del artículo el código {youtube}Z3bnwykDk6c{/youtube}.

Para descargarnos el *plugin* visitar la web (antes de instalarlo compruebe que es *non-commercial*):

http://www.joomlaworks.gr/content/view/16/42/, y hacer clic en el enlace mostrado debajo de la etiqueta **Download**.

El aspecto de la entrada será el que se muestra en la figura 9.7.

Figura 9.6. Blog Jóvenes intérpretes con entradas, acceso al sitio y caja de búsqueda

Figura 9.7. Vídeo mostrado después de instalar el plugin para ver vídeos

En cuanto a los mapas deberemos descargarnos e instalar otro *plugin*. En este caso se llama GoogleMap.

El código que se introduciría en el artículo es algo parecido a:

{mosmap width = '800' |height = '480' | lat = '37.384862' |lon = '-5.985773'|
zoom='3'|mapType='Satellite'|text='Sevilla'|tooltip='DWO'|marker='1'|align='center'
}

Por último, para la galería fotográfica podemos instalar el *plugin* Simple Image Gallery.

Deberemos incluir dentro del artículo del festival de música el código {gallery}stories{/gallery} donde stories es una subcarpeta de Images y contendrá las imágenes de la galería de fotos que deseamos mostrar.

La figura 9.8 nos muestra un aspecto de la entrada en el *blog*.

Figura 9.8. Aspecto de la galería de fotos de la entrada para el festival de música

9.7.5 Etiquetado

Además de las categorías, el etiquetado puede utilizarse para organizar la información en un *blog*.

En un sitio Joomla! añadir etiquetas es equivalente a introducir metapalabras (opción Metadatos de un artículo), de manera que mediante estas etiquetas podremos relacionar artículos.

En el ejemplo que estamos desarrollando hemos introducido las etiquetas aldea, pianista en el artículo Concierto a cargo... y la etiqueta aldea en el artículo Festival... de manera que mediante el módulo Otros post relacionados del tipo Artículos relacionados podremos ver un enlace en la entrada Concierto a cargo... que nos lo relaciona con Festival... Ver figura 9.9 donde puede observarse esta funcionalidad añadida a nuestro *blog*.

Figura 9.9. Artículos relacionados mediante la etiqueta aldea

9.7.6 Últimas entradas

Mediante un módulo del tipo Últimas noticias podremos hacer que en una posición de nuestro *blog* (escogemos la posición left) se muestren en orden las últimas entradas añadidas al *blog*.

Véase la figura 9.10 donde se muestra el resultado de esta operación simple.

9.7.7 Post con más accesos

También es posible incluir en nuestro *blog* una relación de artículos más leídos mediante un módulo de tipo Contenido más leído (escogemos posición footer, utilizaremos la plantilla bussiness9).

En la figura 9.11 se muestra el resultado.

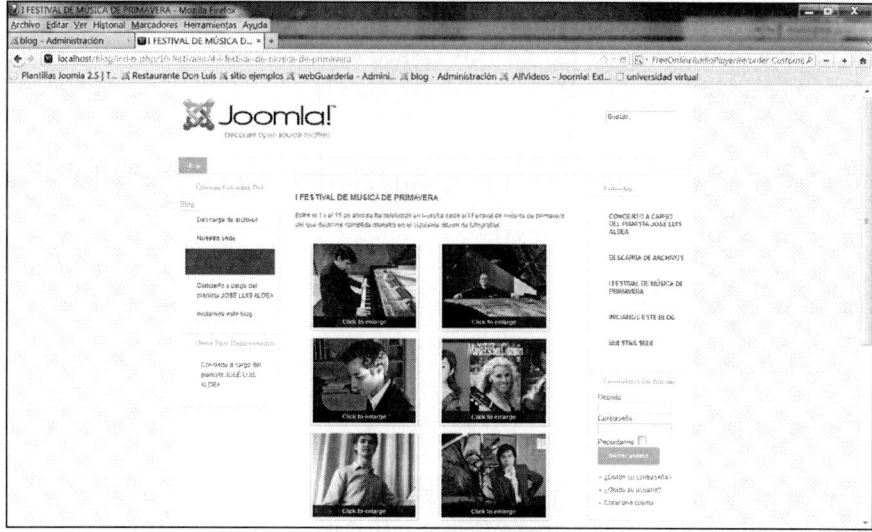

Figura 9.10. Últimas entradas al blog

Figura 9.11. Contenido más leído en posición footer

9.7.8 Copyright

Algo usual en los *blogs* es mostrar en posición footer el autor del mismo.

Podemos seleccionar el tipo de módulo **Personalizar HTML** con este objetivo y colocarlo en dicha posición.

En la figura 9.12 se muestra un ejemplo de utilización.

Figura 9.12. Copyright en posición footer

9.7.9 Enlaces a otros blogs

También es muy corriente que aparezcan en un *blog* una serie de enlaces a otros *blogs* (relacionados de algún modo con el mismo).

En un sitio Joomla! crearemos un módulo del tipo Personalizar HTML.

La figura 9.13 muestra en posición right una serie de enlaces a *blogs* relacionados con el dado.

9.8 MISCELÁNEA

Hay una serie de funcionalidades más o menos ocultas en un sitio Joomla! que harán que un *blog* sea bastante más adaptable y dinámico que los que se suelen generar a partir de los Bloggers.

Veamos a continuación algunas de estas características indicadas ya en un apartado anterior cuando se enunciaron algunas de las funcionalidades de los *blogs*.

Figura 9.13. Blogs relacionados con el dado en posición right

9.8.1 Publicación de entradas

Suponga que decide que algunas entradas, para las que ya dispone del contenido, deberán publicarse en determinada fecha (posterior a la actual).

Así por ejemplo, usted, el autor del *blog*, es profesor de una asignatura para la que ha diseñado un *blog* con el que se comunica con sus alumnos y quiere que el 12-5-12 se muestre una entrada donde propone un trabajo a realizar por el alumnado referente a la materia que está impartiendo.

Pues bien, utilizando la funcionalidad de fecha de publicación de un artículo, puede determinar exactamente cuándo se publicará la entrada correspondiente, y, por lo tanto, podrá ser vista por los alumnos (potenciales visitantes de su *blog*).

9.8.2 Comentarios a las entradas

Un *blog* está pensado para ser interactivo, de manera que el dueño del mismo mantiene un diálogo abierto con los visitantes del sitio.

Una de las formas de mantener este diálogo es mediante comentarios que el visitante realiza a ciertas entradas del *blog*.

Existe un gran número de *plugins* que añaden esta funcionalidad al *blog*.

Pueden descargarse y luego instalarse en nuestro sitio desde la web *http://extensions.joomla.org*.

9.8.3 Canal RSS

Sería interesante que visitantes habituales de nuestro *blog* pudiesen sindicarse a la información que aparece en todas o algunas páginas web del mismo. De esta manera, los visitantes de nuestro *blog* tendrán acceso directo a las entradas que vamos añadiendo.

La figura 9.15 muestra un ejemplo con un *feed* RSS de sindicación en la página de inicio.

Figura 9.14. Canal RSS sindicado a la página de inicio del blog

Para añadir esta característica a nuestro *blog* creamos un módulo nuevo del tipo Sindicación Enlaces Externos y lo colocamos en posición left (por ejemplo).

Si un visitante ve nuestro *blog* podrá hacer clic en el icono característico de un canal RSS y añadirlo a la barra de herramientas de su navegador (por ejemplo), y acceder directamente a las entradas que vayamos añadiendo al mismo o abrir el *blog*.

9.8.4 Correo masivo

Se trata de una posibilidad distinta a la que ofrece cualquier sitio Joomla! desde **Panel de control → Usuarios → Correo masivo**. Lo que realmente nos interesa en un *blog* es que los visitantes se subscriban a una lista de email para recibir automáticamente las actualizaciones de los post.

Pues bien, en la página *http://www.feedblitz.com* podrá subscribirse cualquier visitante del *blog* a un servicio de correo que hará que reciba (abriéndose una cuenta con los datos oportunos) un email cada vez que el autor del *blog* añada una entrada nueva.

El aspecto del correo es algo parecido al que se muestra en la figura 9.15.

Figura 9.15. Correo recibido desde el servidor de FeedBlitz

De manera que siguiendo los *links* podrá acceder directamente a la entrada correspondiente.

9.8.5 Foros de discusión

También con el conveniente módulo es posible añadir un foro de discusión a nuestro *blog* (quizás más operativo que el sistema de comentarios de los post).

En concreto, Kunena es uno de los más utilizados.

La figura 9.16 muestra el aspecto del Panel de control para el foro:

Figura 9.16. Panel de control del foro Kunena

Y la figura 9.17 muestra el aspecto del foro publicado en la web (se accede a través de la pestaña Foro).

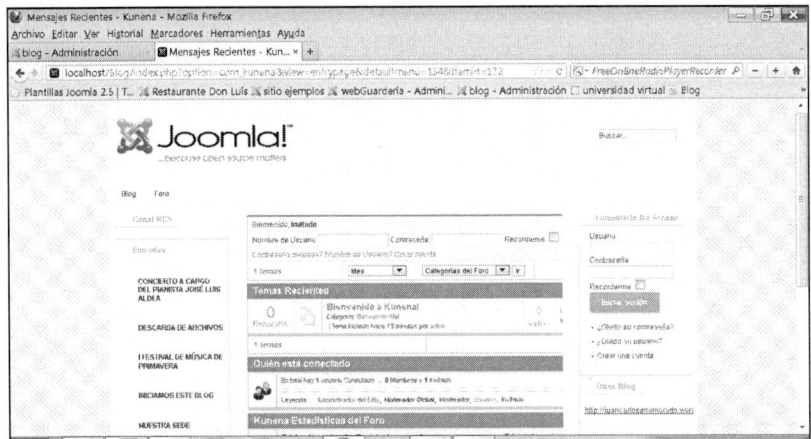

Figura 9.17. El foro Kunena publicado en las páginas del blog

Capítulo 10

MISCELÁNEA DE EXTENSIONES

En este capítulo vamos a presentar algunas de las extensiones de Joomla! que han ido apareciendo y que demuestran la gran cantidad de posibilidades de comunicación online que ofrece este paquete.

Nota importante: hay que informarse de para qué versión de Joomla! es compatible el paquete si no quiere desesperarse con el mensaje de error: *Could not find an XML setup file in the package*.

10.1 FLIPPINGBOOK

Dependiendo de la plantilla que utilicemos, publicar contenidos en la web con Joomla! se simplifica mucho y los resultados los vemos de inmediato en el *frontend*.

Si queremos publicar información en un sitio web con un formato más similar al papel, del estilo a las revistas, no va a ser una tarea fácil en un sitio web.

Aquí entran en juego las extensiones de Joomla! que, como hemos visto en capítulos anteriores, nos permiten (entre otras cosas) mostrar galerías de imágenes o añadir foros de discusión a nuestro sitio.

Una de estas extensiones que podremos instalar (con el Gestor de extensiones) en nuestro sitio Joomla! es FlippingBook versión 2.1.23.

Una vez instalada si desplegamos el menú **Componentes** y hacemos clic en **FlippingBook** se nos muestra la figura 10.1.

Con FlippingBook podemos, por ejemplo, crear revistas online con efectos al pasar las páginas, pero sus aplicaciones pueden ser ilimitadas.

También podremos publicar las imágenes en las páginas de una galería asociada al componente.

Las páginas pueden contener enlaces a otras descripciones donde se detalla el contenido de las mismas o a otro sitio web.

Figura 10.1. Configuración del componente FlippingBook

Podrá también comercializar un libro presentando el índice y algunas páginas del mismo a los visitantes del sitio.

Los clientes de su empresa de edición pueden ver una nueva publicación de su revista o una presentación desde cualquier sistema con acceso a Internet.

Por último, FlippingBook es fácil de configurar y dispone de una interfaz sencilla que permite instalar y utilizar.

10.2 CREACIÓN DE UNA REVISTA

Lo primero que haremos es preparar las páginas de la revista que pueden tener formato JPG, PNG e imágenes no animadas GIF o animaciones SWF (Flash).

Escogemos **Files** en el menú desarrollable a partir de **Componentes** -> **FlippingBook**.

Subiremos todas las imágenes de las páginas de la revista a la carpeta /images/FlippingBook/.

A continuación escogeremos la pestaña **Books**, haremos clic en **Nuevo** y daremos el nombre a la revista junto con una descripción si lo cree necesario.

Ahora podemos añadirle páginas a la revista.

Para ello iremos a la pestaña **Page**, haremos clic en **Nuevo** y seleccionaremos el libro. De esta manera creamos página a página.

Una vez que tenemos asignadas las páginas a la revista, podemos crear un lote de páginas con Batch Adding Pages para asignarle a la revista la carpeta donde buscará las páginas asignadas a ella.

Ya solo nos queda crear un menú (con **Gestor de menús** -> **Nuevo**) y un elemento de menú para él que sea del tipo **FlippingBook** -> **Single Book** y asignarle el libro revista que acabamos de crear.

Por último, le asignaremos un módulo al menú creado y lo colocamos (por ejemplo) en posición Bottom-1 de business9.

Vea en la figura 10.2 el resultado en el *blog* del capítulo anterior utilizando como revista el ejemplo que trae el componente FlippingBook.

10.3 YOUTUBE GALLERY

Al igual que FlippingBook, se trata de un complemento (non-comercial) que puede descargarse de la página principal de extensiones Joomla! (*http://extensions.joomla.org*).

El proceso es muy similar al del anterior componente.

Descargamos el archivo youtubegallery_for_joomla_25.zip, lo instalamos desde el Gestor de extensiones de Joomla!.

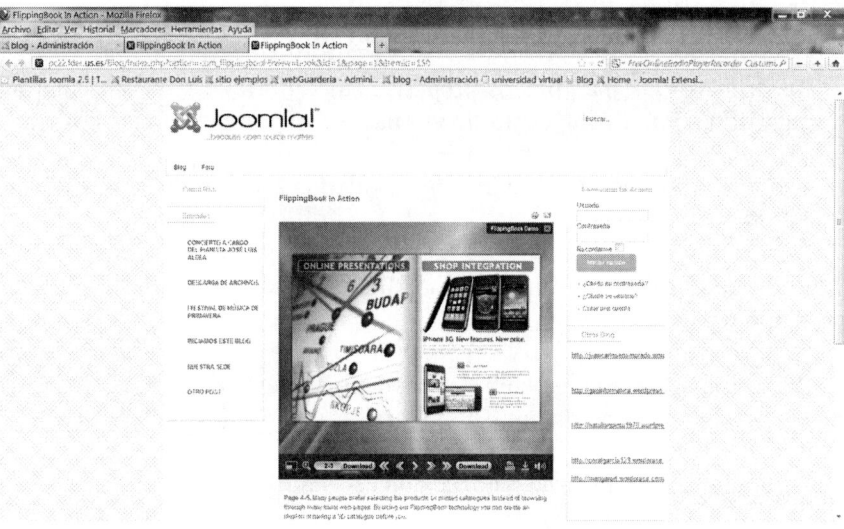

Figura 10.2. Libro ejemplo en el blog personal

Ahora nos vamos a la opción **YouTube gallery** de **Componentes** (en el **Panel de control** de la administración del sitio), y en la pestaña **Galleries** creamos una galería y escojemos cualquier ejemplo o insertamos los URL de distintos vídeos de YouTube.

Luego hemos de crear un menú YouTube con su elemento de menú (que podemos llamar también YouTube) del tipo YouTube gallery y por último le asignamos un módulo al menú YouTube y lo colocamos en position bottom-2 (por ejemplo).

Al hacer clic sobre el enlace encontraremos algo parecido a la figura 10.3.

10.4 JT CALENDAR

Se trata de un módulo que puede descargarse gratuitamente de la web de extensiones de Joomla!.

Podemos personalizar el calendario de manera que:

- Muestre eventos especiales.

- Presente un color, dimensiones, y tipos de fuente preferidos.

- Destaquemos ciertos días de la semana con un estilo distinto.

Figura 10.3. Ejemplo de uso del componente YouTube gallery

- Los días de la semana aparezcan en castellano (por ejemplo).

En la figura 10.4 se ha colocado el módulo en posición top-panel.

10.5 JS YAHOO!WEATHER

Este es un módulo que nos permite colocar en el sitio un módulo con el tiempo actual junto a un pronóstico dado el sitio en que nos encontramos.

La figura 10.5 es un ejemplo de la instalación del módulo en un sitio Joomla! y en posición top-panel.

Como puede observarse nos da el tiempo en Sevilla. Para ello deberemos isr a *http://weather.yahoo.com/spain/andalusia/seville-774508/*. Justo el código 774508 será el que hemos de actualizar en la instalación del módulo (**WOEID Code Address** en **Opciones básicas**).

10.6 RAPID1PIXELOUT

Se trata de un *plugin* que podemos descargarnos de la página de extensiones de Joomla! y que tras su instalación nos permite reproducir archivos mp3 en las páginas de nuestro sitio.

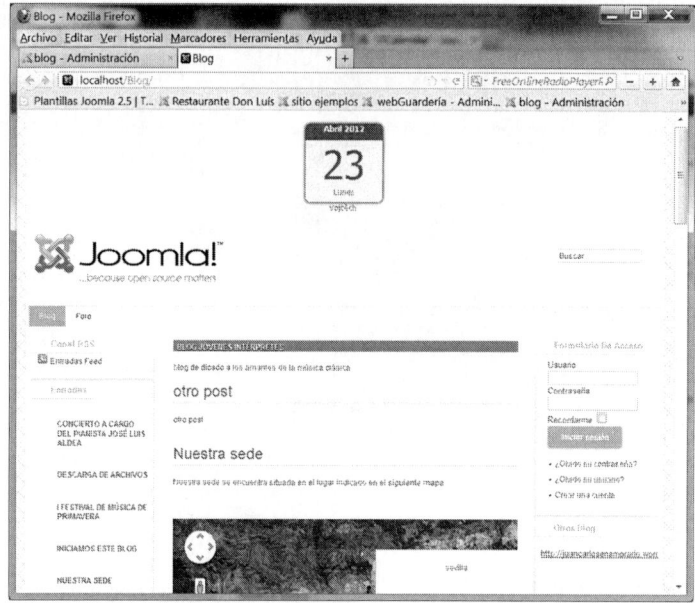

Figura 10.4. JTCalendar en posición top-panel

Figura 10.5. El tiempo en Sevilla en un sitio Joomla!

Para ello incluiremos en el artículo correspondiente un código que adoptará diferentes formas dependiendo del origen del archivo de música.

Si, mediante el Gestor multimedia descargamos el archivo Ysaye-Sonata6.mp3 (por ejemplo), de manera que se descarga a una carpeta audio que cuelgue de Images.

En la figura 10.6 puede verse en funcionamiento este *plugin*. Para ello se han actualizado los parámetros de la carpeta raíz para el *plugin* a Images/audio.

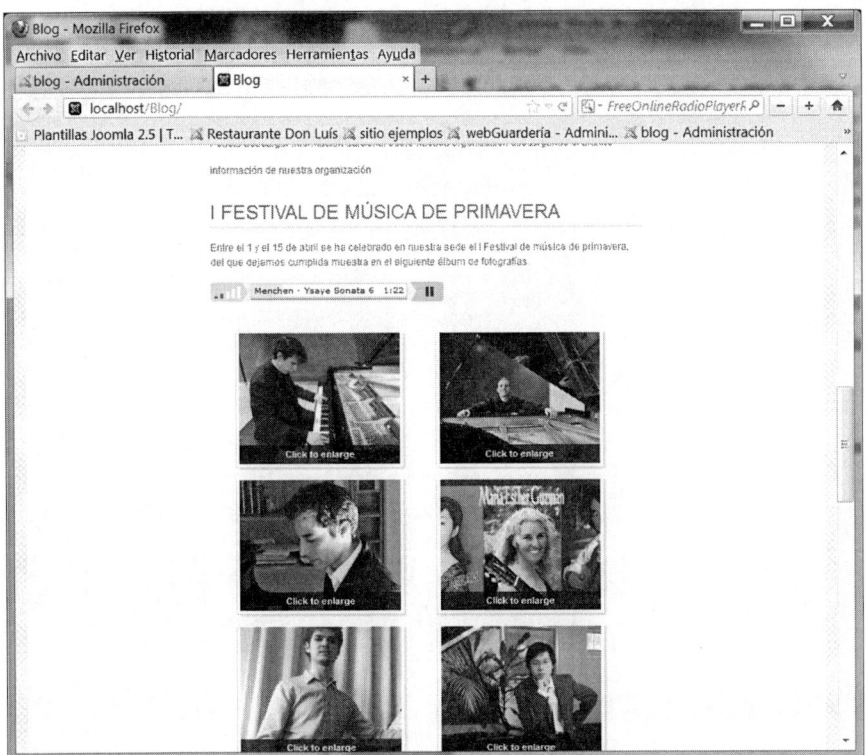

Figura 10.6. Rapid1Pixelaot en funcionamiento

En el artículo correspondiente (la entrada mostrada) se escribe el código {audio}Ysaye-Sonata6.mp3{/audio}.

También es posible escribir el código {audio}http://uri/file.mp3{/audio}, cuando el archivo mp3 cuelga de la web *http://uri*.

Otras opciones permiten incluso escuchar archivos mpeg de una radio web.

10.7 LIVE CHAT

Con este *plugin* es posible mantener un chat con otros visitantes del sitio.

Una vez descargado tendremos que abrirnos una cuenta según se muestra en la figura 10.7.

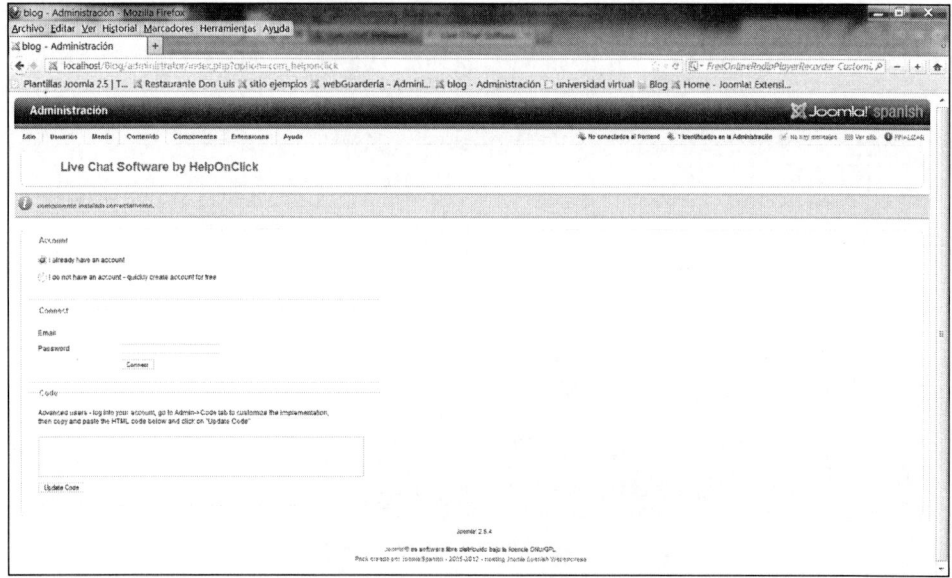

Figura 10.7. Instalación de Live Chat

Una vez creada la cuenta nos conectaremos al servidor y esperaremos a que alguien se meta en el chat (ver figura 10.8).

10.8 ANY GADGETS

Suponga que quiere mostrar un catálogo de productos en su sitio Joomla!. Pues bien, la extensión (componente) Any Gadgets le va a permitir mostrarlos con un solo clic y asociar a cada uno de ellos un sistema de comentarios, informes, preguntas y respuestas.

La figura 10.9 es una muestra de lo que puede hacerse con este componente utilizando un ejemplo de un libro.

Observe en la figura 10.9 como el sistema recuerda los comentarios, informes, preguntas y respuestas asociadas al *gadget* Libro de Excel 2010.

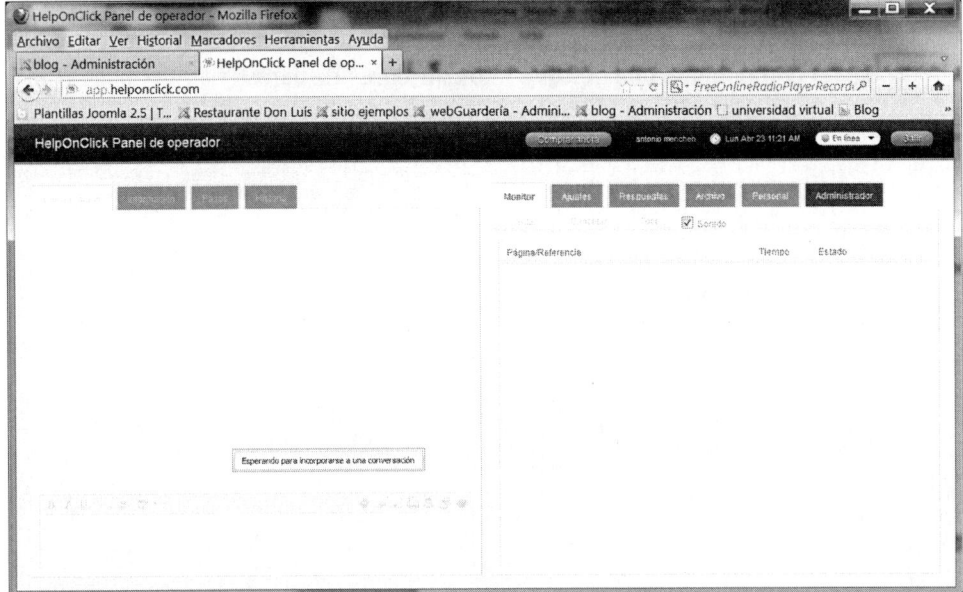

Figura 10.8. Esperando en el chat

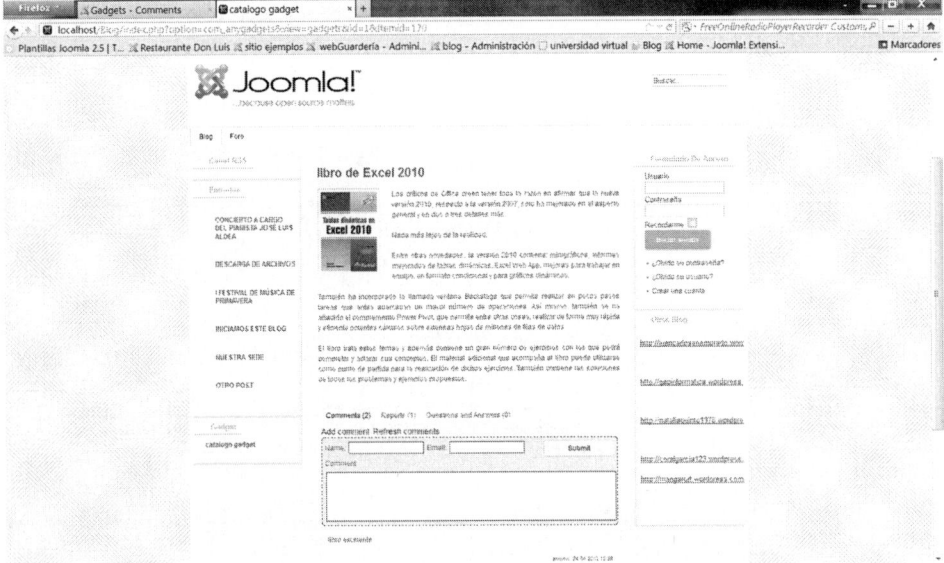

Figura 10.9. Ejemplo de utilización de un gadget

Desde la sesión del Superusuario puede gestionarse el sistema asociado a cada *gadget* (**Componentes -> Gadgets**).

10.9 ACESQL

Es un componente que permite manejar bases de datos.

Es útil sobre todo si no se dispone de phpMyadmin.

La figura 10.10 muestra el aspecto de una consulta sobre las bases de datos instaladas:

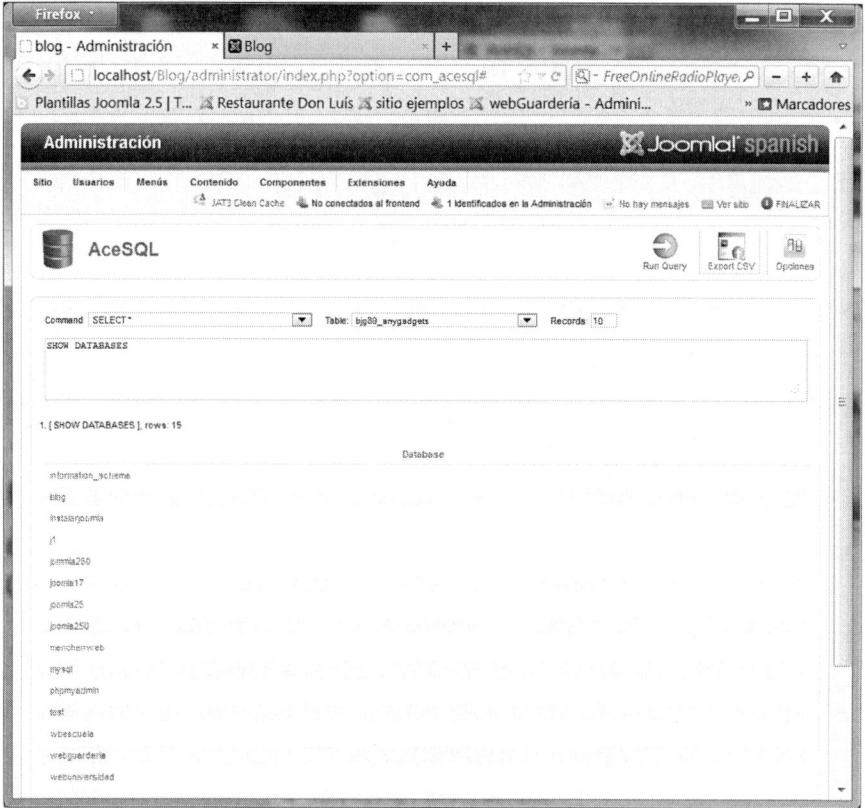

Figura 10.10. Bases de datos instaladas

Con AceSQL podemos (entre otras cosas) mostrar, crear, editar y borrar registros o ejecutar cualquier consulta SQL.

El proceso es escoger primero la tabla y luego la instrucción SQL, aunque hay muchas consultas que se refieren a la base de datos global.

Además dispondremos de dos botones en la barra de herramientas: uno para ejecutar la consulta y el otro para exportar el resultado a un archivo CSV (que podremos pasar posteriormente con comodidad a Excel, por ejemplo).

La primera instrucción que aparece en la pestaña desplegable (SELECT *) permite además, editar la tabla, con lo que tendremos una forma potente de cambiar los datos que maneja el Panel de control de Joomla!.

Por ejemplo, si escogemos la tabla que contiene a los usuarios (en nuestra instalación es bjg89_users), podremos cambiar la dirección de correo del administrador o el password (no lo haga) y otros parámetros de la misma.

De todas formas la aplicación pdpMyAdmin es bastante más completa (se accede a través del URL localhost en la ventana del navegador). La ventaja de AceSQL es que pueden manipularse las tablas y hacer consultas desde la propia sesión del Superusuario.

10.10 ACEFTP

Con este componente podremos manejar cómodamente toda la información contenida en las carpetas del sistema Joomla!.

La figura 12.11 muestra el aspecto de la ventana principal de la aplicación.

En dicha figura podemos observar la estructura de carpetas a partir del directorio raíz del sitio.

Hay una serie de botones en la barra de herramientas que nos permiten: ir al directorio padre del actual, releer, ir al directorio raíz, borrar una carpeta (o archivo), etc.

10.11 ADMIN FOREVER

En este caso se trata de un *plugin* que una vez instalado y activado avisa si se va a sobrepasar el tiempo de vida de la sesión (por defecto 15 min).

De esta manera evitamos tener que entrar en la sesión de nuevo pasado ese tiempo.

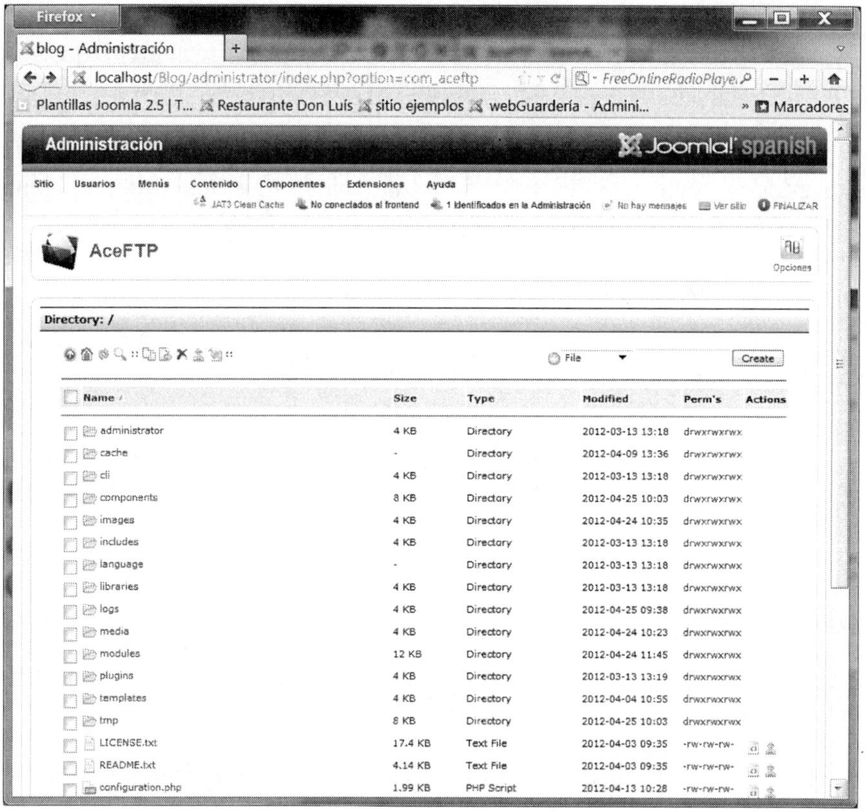

Figura 10.11. Ventana principal de AceFTP

10.12 EDITOR JCE

Entre los editores que se disponen desde la sesión *backend* del administrador, el más común es TinyMCE.

Una alternativa a este editor es JCE que puede descargarse desde la web de las extensiones de Joomla! que estamos utilizando en el presente capítulo (*http://extensions.joomla.org/*).

Se trata de un editor configurable muy valorado entre los usuarios de Joomla!.

Admite adicionalmente un paquete que lo configura para un idioma en concreto (existe el paquete para español: jce_lang_2019_es-ES.zip). Este tipo de complementos del editor tendremos que instalarlos desde la ventana del Panel de Control de JCE (figura 10.12).

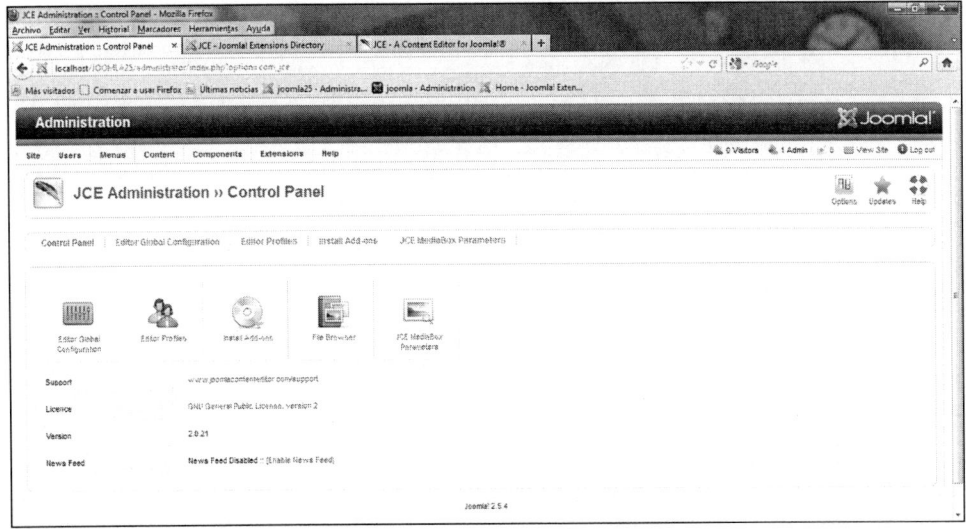

Figura 10.12. Panel de Control de JCE

En concreto, con el botón **Install Add-ons** (instalar complementos) accederemos al paquete desde la opción de descargar un paquete desde un archivo o directorio.

Vea en la figura 10.13 cómo queda el Panel de Control de JCE una vez instalado el editor y el paquete para el idioma español.

10.12.1 JCE MediaBox

Si nos vamos a la página de los autores:

http://www.joomlacontenteditor.net/, encontraremos muchas posibilidades a la hora de instalar las distintas versiones del editor (para diferentes actualizaciones de Joomla!).

Otra de las opciones que cuelgan de la pestaña Downloads es la de JCE MediaBox.

Se trata de un *plugin* que instalaremos como el paquete para el lenguaje y que activaremos una vez instalado.

La forma de utilizar este *plugin* pasa en la mayoría de los casos por utilizar una imagen y un enlace al URL donde se encuentra el media (imagen, vídeo, música, etc.). Ver figura 10.14 con un ejemplo.

Figura 10.13. Panel de Control de JCE en español

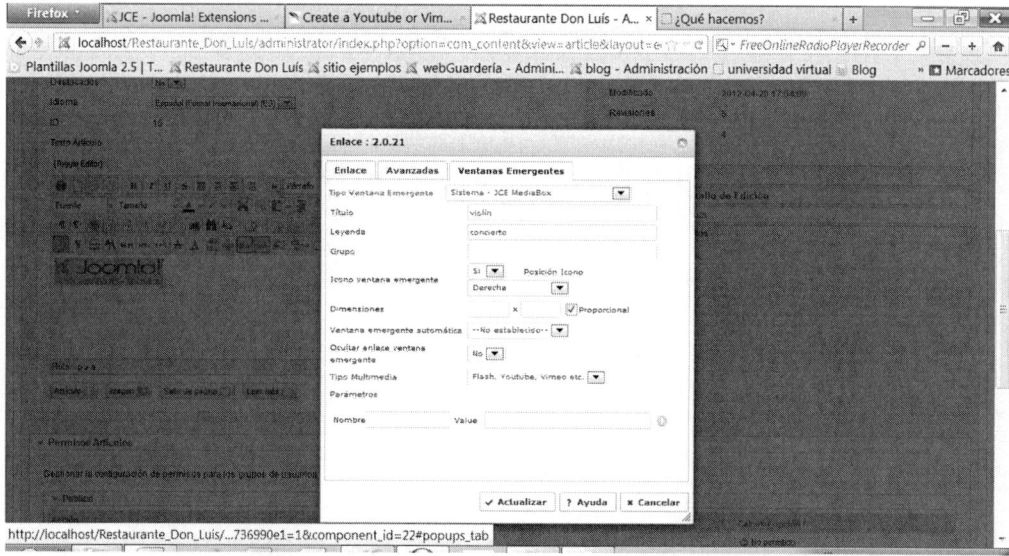

Figura 10.14. Ejemplo de utilización de JCE MediaBox

En dicho ejemplo, al hacer clic sobre la imagen se abrirá una ventana emergente con el vídeo de YouTube (por ejemplo) colgado en el URL que indiquemos en la pestaña **Enlace**.

La forma de proceder será primero incluir en el artículo la imagen (hay un botón para ello en la barra de herramientas del editor JCE), y a continuación haremos clic en el botón que representa un enlace, con lo que obtendremos la ventana de diálogo que se muestra en la figura 10.14.

También, por supuesto, podremos hacer que la ventana emergente muestre un media a partir de hacer clic sobre un hiperenlace (la forma de proceder es análoga a la vista para una imagen).

10.12.2 Extensiones permitidas

Si abrimos **Componentes** → **Administrador de JCE** → **Editar perfil** → **Parámetros del plugin** → **Extensiones permitidas** (ver figura 10.15), podemos ver las extensiones de archivos que admite JCE para los *plugins* (instalados o no).

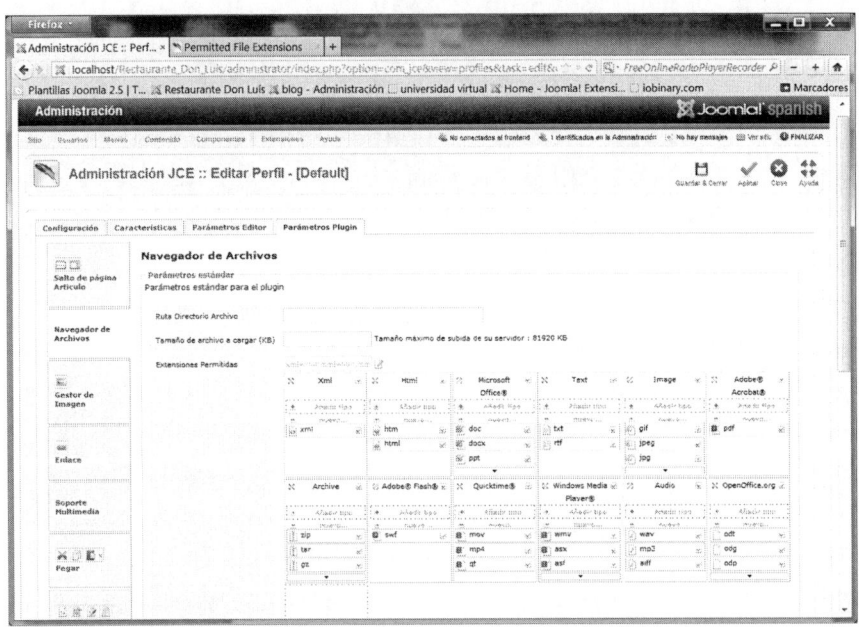

Figura 10.15. Extensiones permitidas por los puglins instalados

Hemos escogido el perfil de la sesión del administrador (*backend*) y se ha pulsado el icono que representa una página con un lápiz al lado de extensiones permitidas (para sesiones *frontend* el perfil es distinto).

Pueden añadirse extensiones en los grupos (que representan archivos relacionados por el *puglin*).

También pueden habilitarse/deshabilitarse extensiones o añadirse grupos.

10.12.3 Cambiar el tamaño máximo de los archivos que subamos

Por defecto, el tamaño máximo de los archivos que descarguemos en el sitio es de 1 Mb. A veces es conveniente cambiar este tamaño (sobre todo si vamos a subir vídeos).

Tendremos que proceder de igual manera que en el apartado anterior pero en vez de fijar nuestra atención en los parámetros del *plugin* lo haremos en los del **Editor** → **Sistema de archivos** (figura 10.16).

Figura 10.16. Cambio del tamaño máximo para archivos subidos al sitio

10.13 CALCULATE NINJA

Este módulo es compatible con la versión 1.5 de Joomla! y muestra una vez activado una pequeña calculadora en la posición donde determinemos (en la figura 10.17 está en posición left aunque con el ratón puede moverse a cualquier posición).

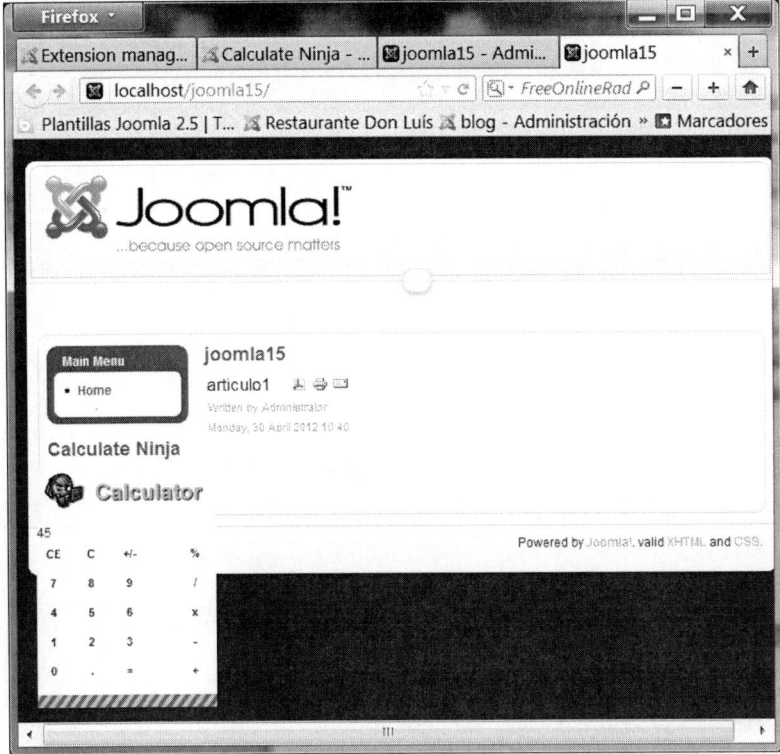

Figura 10.17. El módulo Calculate Ninja en posición left

Capítulo 11

BLOGG-X

En este último capítulo presentamos la aplicación Blogg-X que elimina la necesidad de utilizar el administrador de un sitio Joomla! cuando se trate de añadir contenido (artículos e imágenes en general) al mismo.

Dicha aplicación puede descargarse de forma gratuita de *http://iobinary.com/* (**Downloads** → **Últimas versiones**). Escogemos la versión 3.0 Beta.

Deberemos también instalar Adobe Air (para lo que contaremos también con un enlace en la propia página).

Es muy importante que tenga en cuenta que antes de ejecutar Blogg-X deberá tener instalado (y activado) en cada sitio que vaya a manejar el *plugin* que se encuentra en el paquete plg_bloggx_server_24Mar2010.zip y que, aun más importante: Blogg-X 3.0 Beta funciona con Joomla! 1.5.

11.1 CARACTERÍSTICAS DESTACABLES DE BLOGG-X

Algunas de las características de la herramienta que justifican su uso en lugar de la sesión de administrador a través del navegador son:

- Permite gestionar desde la ventana principal el contenido de múltiples sitios. También podremos tener un sitio por defecto de manera que al iniciar una sesión sea el sitio activo.

- Dispone de un editor del tipo WYSIWG de manera que no es necesario conocer el lenguaje HTML. Además ese editor supone una mejora considerable respecto a los editores que contienen las instalaciones de Joomla!.

- Podremos intercambiar la vista del contenido tal y como van a verlo los visitantes del sitio y el código HTML correspondiente (al igual que hacen editores como TinyMCE).

- Organiza los artículos según secciones y categorías de manera que resulte más ordenado la distribución de los mismos en el sitio.

- También es posible editar artículos ya publicados de manera que podremos actualizar su contenido o borrarlos. Como la cuenta es la del administrador el contenido puede despublicarse o publicarse según se considere oportuno.

- Permite visualizar previamente las imágenes, vídeos y media en general antes de incluirlos en cualquier contenido.

- Las sesiones de Blogg-X admiten usuarios que no tengan privilegios de administrador del sitio, de manera que podría tratarse de autores con permisos para publicar o simplemente para ver los artículos publicados.

- Por último, es posible salvar los artículos en el disco duro cuando no se tiene Internet para publicarlos. Posteriormente estos artículos podrán publicarse en los sitios indicados.

11.2 ACTUALIZACIONES NECESARIAS

Una vez descargada e instalada la aplicación, si la ejecutamos, obtendremos la figura 11.1.

Lo primero que haremos será añadir un sitio Joomla! para el que van destinados los contenidos que introduciremos desde la herramienta.

Con **Options** obtendremos la ventana de diálogo de la figura 11.2, donde iremos añadiendo todos los sitios sobre los que vamos a actuar con la herramienta.

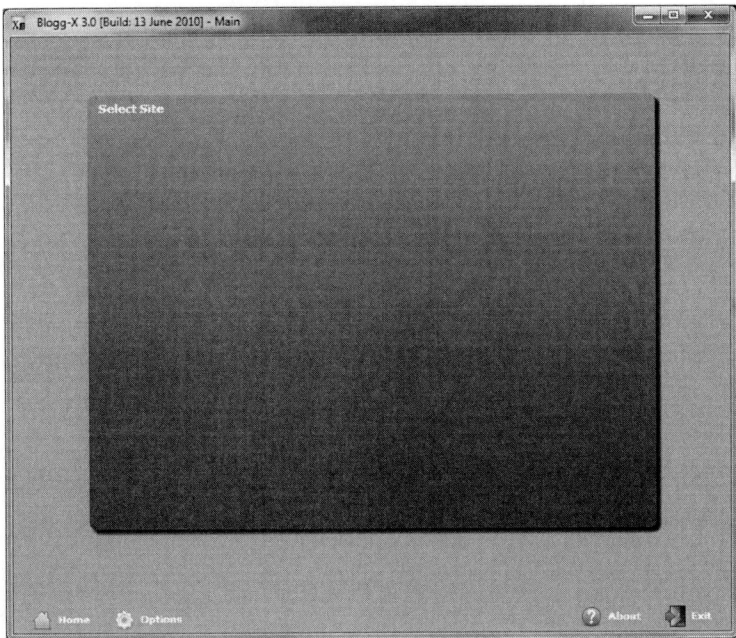

Figura 11.1. Ventana principal de Blogg-X

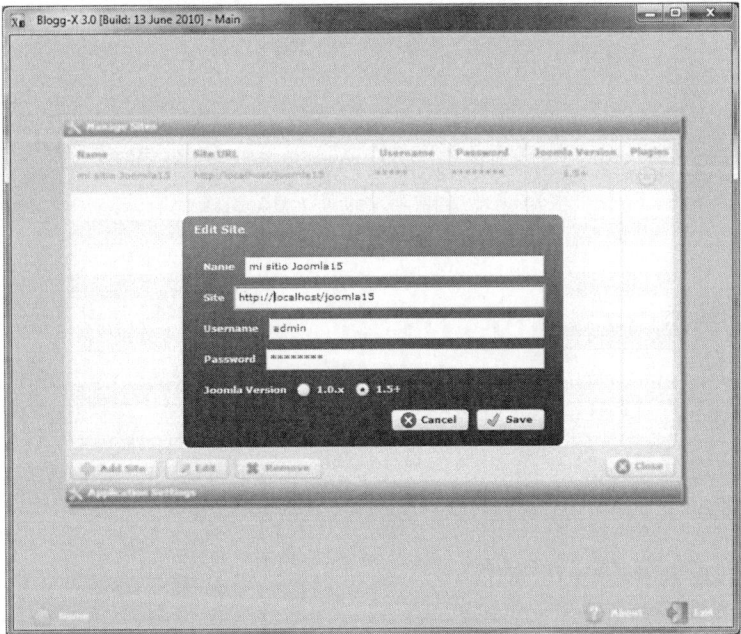

Figura 11.2. Ventana de diálogo para actualizar los sitios

Si (por fin) consigue que Blogg-X se conecte al sitio dispondrá de una aplicación muy atractiva para añadir entradas a su *blog* (por ejemplo) o gestionar los media que maneja su sitio.

La figura 11.3 muestra la ventana que obtendrá para manejar sus contenidos.

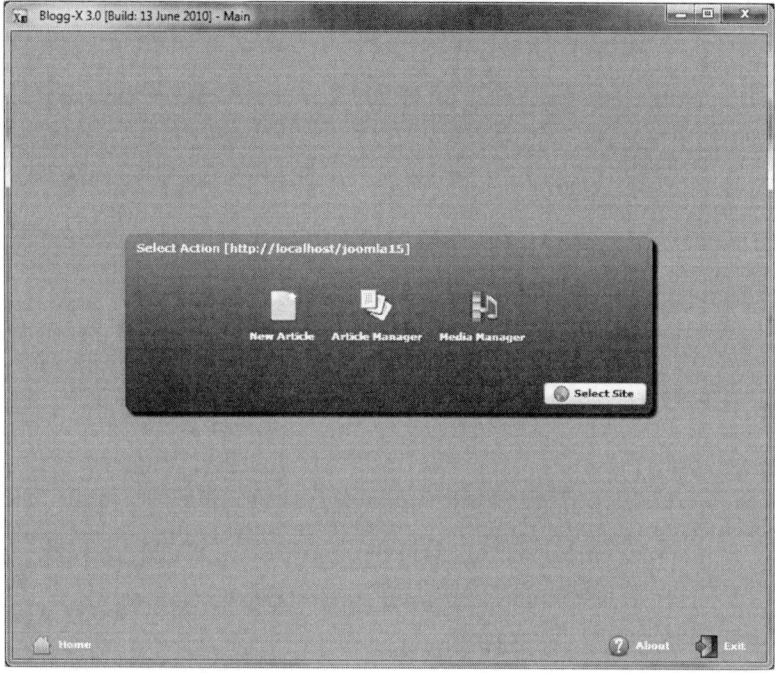

Figura 11.3. Ventana para el manejo de contenidos en Blogg-X

11.3 ARTÍCULOS NUEVOS

Como una práctica elemental y para comprobar las posibilidades de la herramienta, haga la siguiente prueba.

Cierre la sesión de Blogg-X y abra una sesión de administración de su sitio Joomla! 1.5.

Desde el Gestor de artículos cree una sesión y una categoría de artículos (son datos que le pedirá después Blogg-X).

A continuación abra una sesión de Blogg-X y conéctese a su sitio Joomla! 1.5.

Si hace clic sobre **New article** encontrará una ventana como la figura 11.4-a.

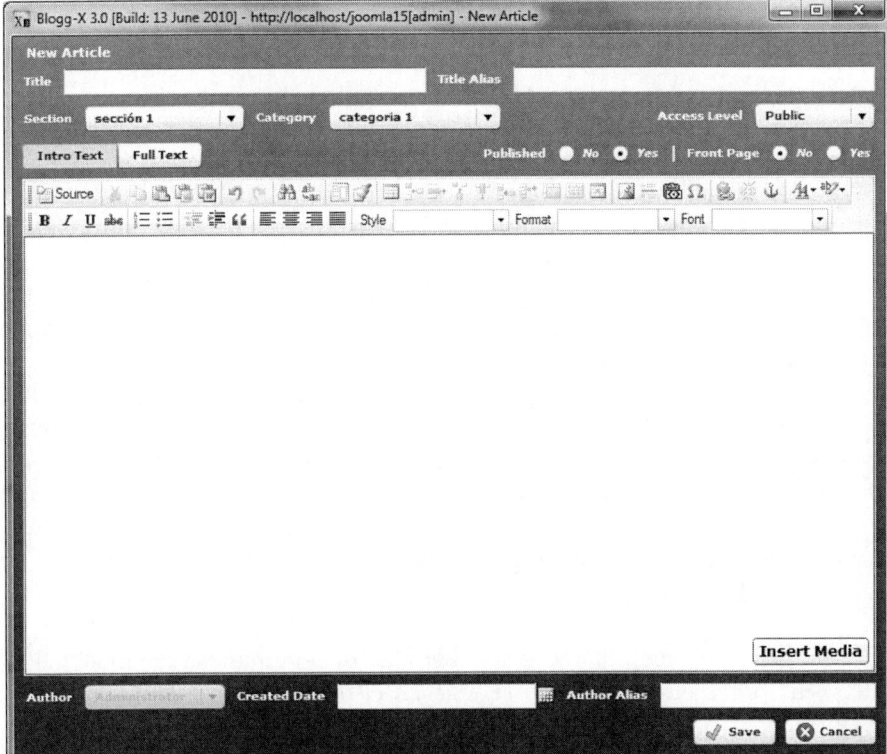

Figura 11.4-a. Ventana para añadir un artículo

Vea como le aparece una pestaña para elegir la sección y la categoría del artículo.

Dé un título al mismo e introduzca un contenido (observe la profusión de botones con respecto al editor TinyMCE).

A continuación salve el artículo y váyase al administrador del sitio con el navegador.

Verá que si abre el Gestor de artículos aparece uno nuevo que es justo el que acaba de crear desde la sesión Blogg-X.

11.3.1 El editor de Blogg-X

Después de seleccionar la sección, categoría y nivel de acceso del contenido, nos encontramos con que podremos elegir entre dos opciones: Intro Text y Full Text.

Con el primero introduciremos el texto que vamos a ver en el sitio.

Con el segundo se añade un enlace Leer más … y el texto que escribamos aquí es el que aparecerá en el artículo cuando hagamos clic en dicho enlace.

A continuación hay varios botones de opciones para publicar o no el artículo y si este es un contenido destacado o no (recordemos que esto supone el que aparezca en la página de Inicio o no).

En versiones anteriores de Blogg-X (la 2.11) encontrábamos una serie de menús que nos permitían realizar numerosas operaciones. En esta versión todo se ha incorporado en la barra de herramientas con botones.

Así encontramos un botón para salvar la entrada en la parte inferior de la ventana de la aplicación.

Si queremos leer una entrada antigua dispondremos del manejador de artículos (de forma similar a como se hizo en el panel principal del administrador de un sitio Joomla!).

También tendremos botones para opciones de edición como copiar o volcar el contenido del portapapeles.

En concreto dispondremos de 3 opciones para volcar el contenido del portapapeles (entre ellas la de volcar texto copiado de un documento de Word). Todas ellas pasan por un volcado previo en una ventana emergente que obedece a razones de seguridad (vea la figura 11.4-b).

Así mismo, en la barra de herramientas encontraremos botones para la búsqueda y el reemplazo de texto (figura 11.4-c), o diferentes estilos, formatos o fuentes.

Existe un botón para crear tablas (figura 11.4-d) y, una vez creadas, para insertar o borrar filas y columnas de la misma.

Podremos combinar varias celdas o dividir una celda y cambiar las propiedades de las mismas (color del fondo o la alineación del contenido).

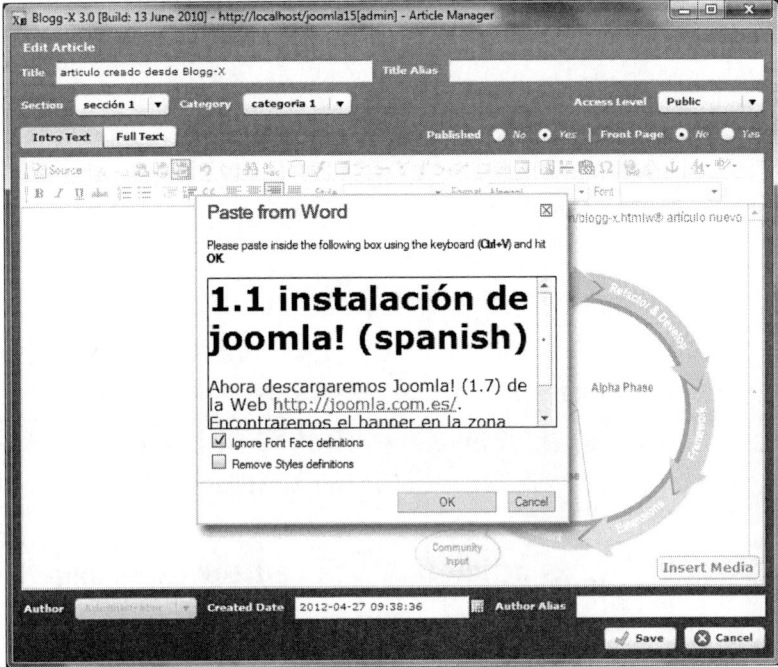

Figura 11.4-b. Volcado previo del portapapeles

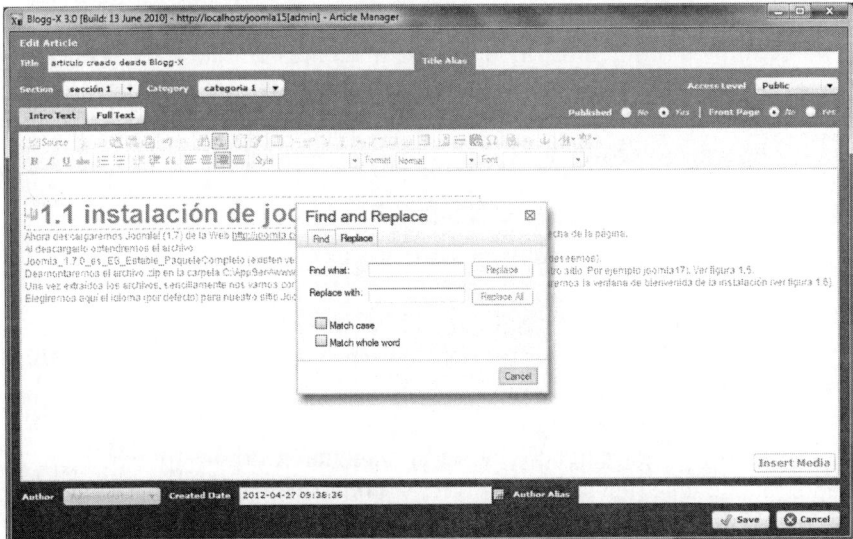

Figura 11.4-c. Botones para la búsqueda y reemplazo de texto

Figura 11.4-d. Creación de tablas

11.3.2 Características adicionales del editor de Blogg-X

Otras funcionalidades añadidas al editor de la herramienta que se salen de lo habitual son:

- La posibilidad de añadir una línea al texto.

- También podremos incorporar imágenes de un URL con un texto asociado a dichas imágenes así como un borde, alineamiento del texto y una anchura o altura fija o variable (representada por un candado pequeño). Ver figura 11.4-e

- Con el consabido botón representando a la letra omega añadiremos símbolos a nuestra publicación (figura 11.4-f).

- Por último, al igual que en el editor TinyMCE, se dispondrá de botones para insertar o romper un enlace a una página de la web o establecer el color del texto y el fondo.

Por cierto, tenga cuidado con la actualización de un archivo que ya haya publicado, puede que tenga que volver a conectarse con el sitio para que el contenido cambie en la ventana de edición de artículos de Blogg-X.

11.4 MANEJADOR DE ARTÍCULOS

También puede gestionar sus artículos mediante el botón adecuado y obtener la ventana de la figura 11.5.

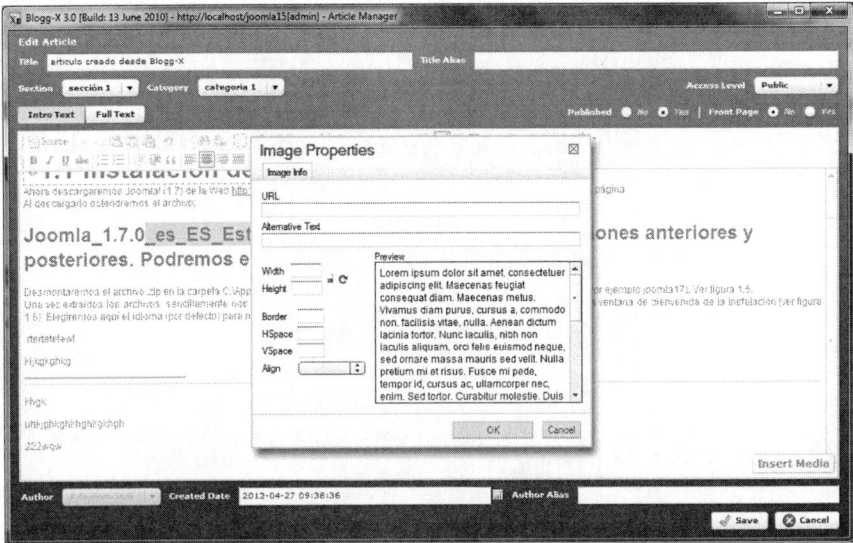

Figura 11.4-e. Imagen importada de un URL

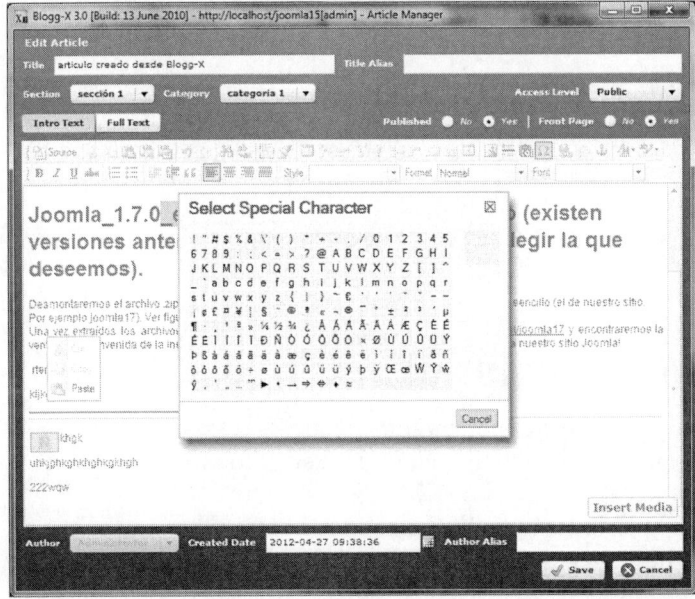

Figura 11.4-f. Símbolos en nuestras publicaciones con Blogg-X

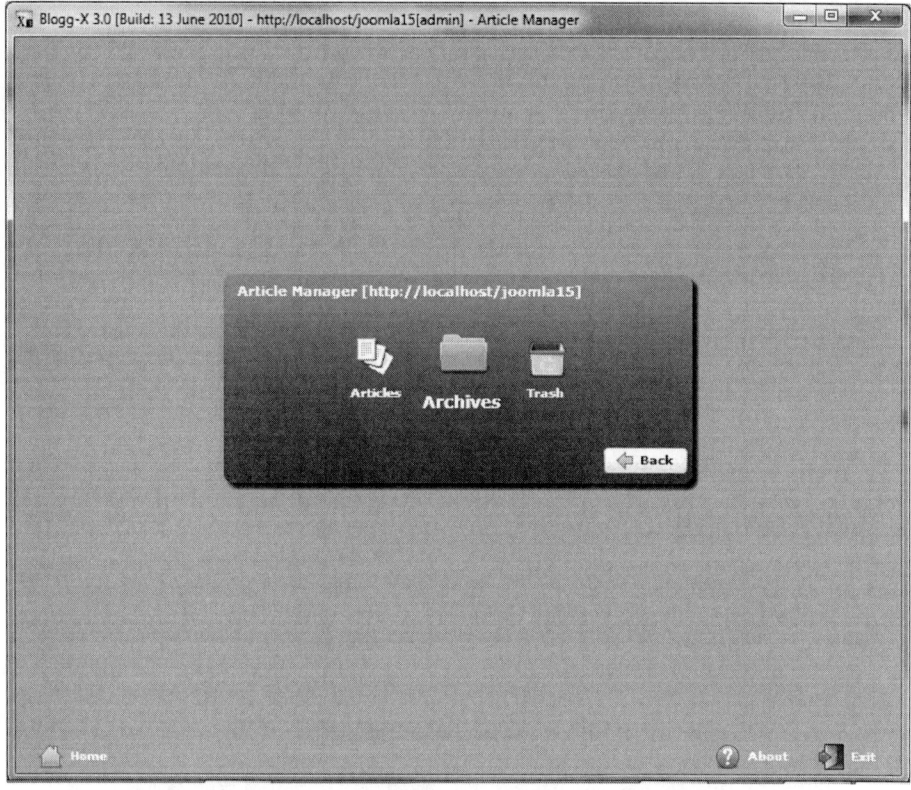

Figura 11.5. Ventana del manejador de artículos

Si escoge **Articles** podrá seleccionar el artículo y editarlo, copiarlo, publicarlo/despublicarlo, archivarlo o borrarlo (justo lo que hacía desde la sesión de administrador con el navegador).

También podrá acceder con este manejador a los artículos archivados o a los borrados.

11.5 MANEJADOR DE MEDIA

Seguramente se va a encontrar mucho más cómodo manejando sus media con Blogg-X que con el administrador de un sitio Joomla!.

Observe la ventana de la figura 11.6 que se obtendría al hacer clic sobre el botón **Media manager**.

Y compárelo con el que obtiene en una sesión de administrador del sitio Joomla! de la figura 11.7.

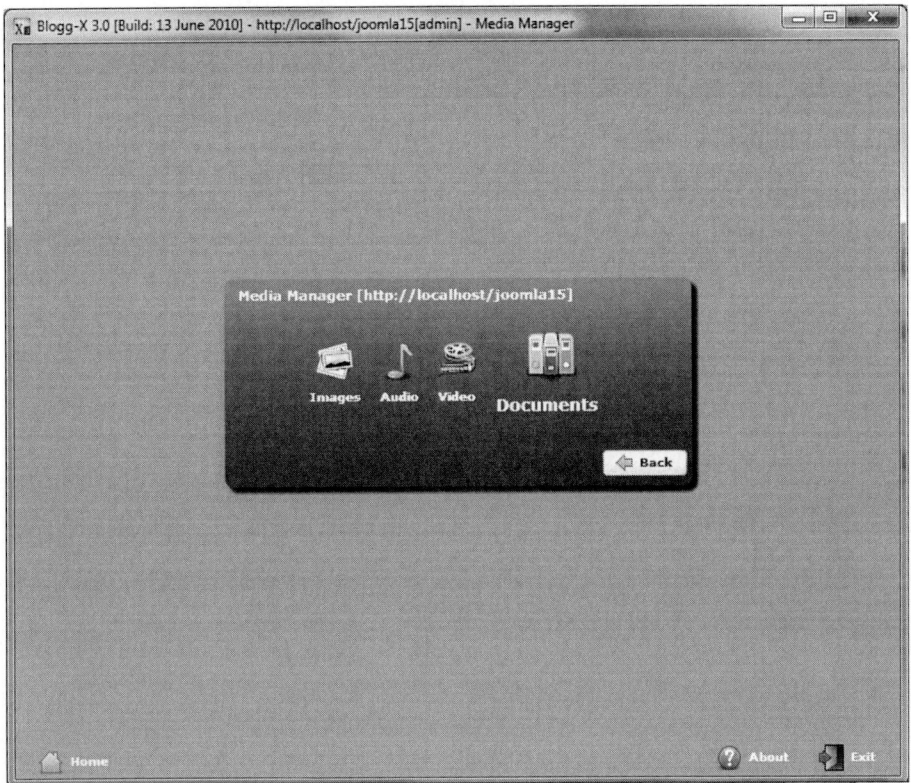

Figura 11.6. Ventana para el manejador de media

Está claro que Blogg-X es mucho más cómodo de utilizar (por lo pronto el contenido está más ordenado, lo cual muchas veces es decisivo para hacer las cosas bien).

Si escogemos (por ejemplo) manejar las imágenes tendremos algo parecido a la figura 11.8.

Incluso podremos obtener una vista previa de la imagen (el media), subir una nueva o borrar una existente.

Y, algo insospechado para los que utilizamos solo sesiones de administrador de Joomla! desde el navegador: podremos subir archivos de música (mp3, ogg, wav, wma), vídeo (de tamaño hasta 10 Mb) y documentos con formatos como los mostrados en la figura 11.9.

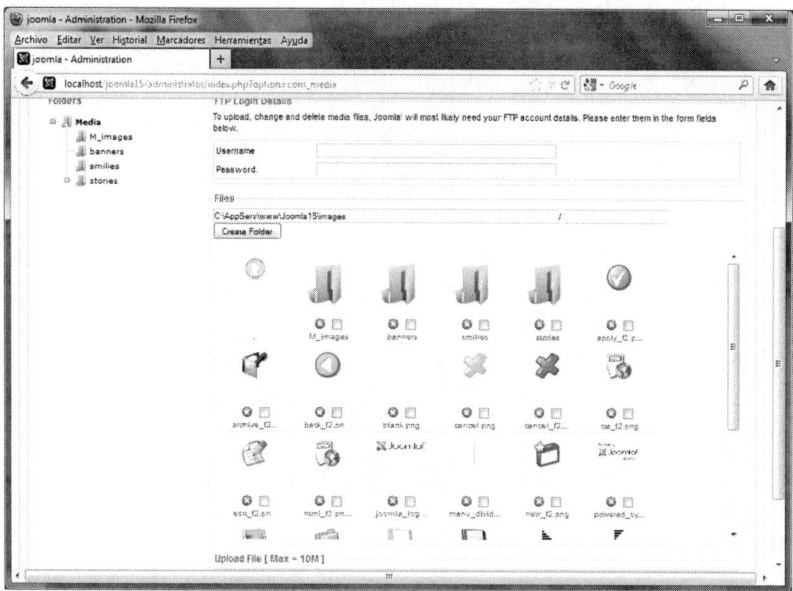

Figura 11.7. Ventana para el manejador de media desde el navegador

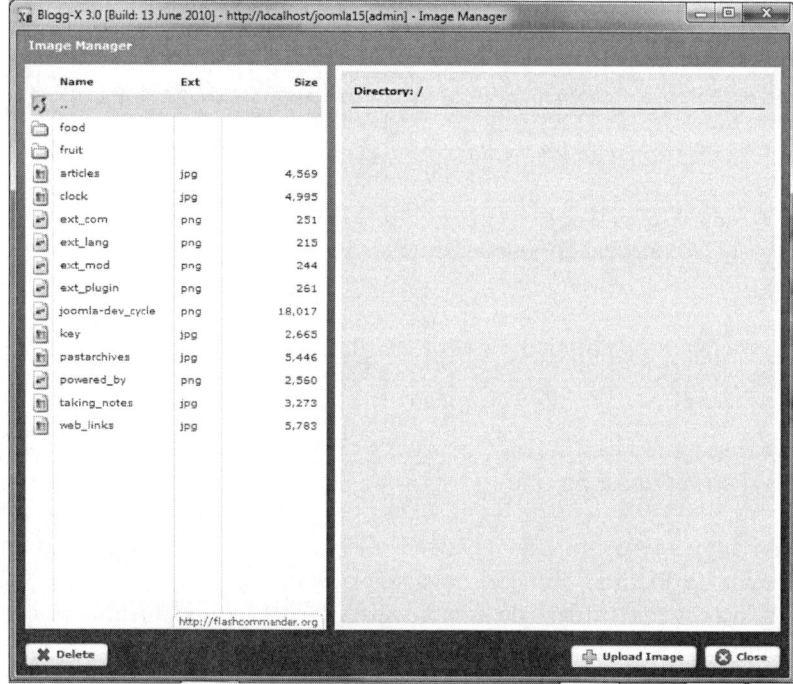

Figura 11.8. Ventana para el manejador de imágenes

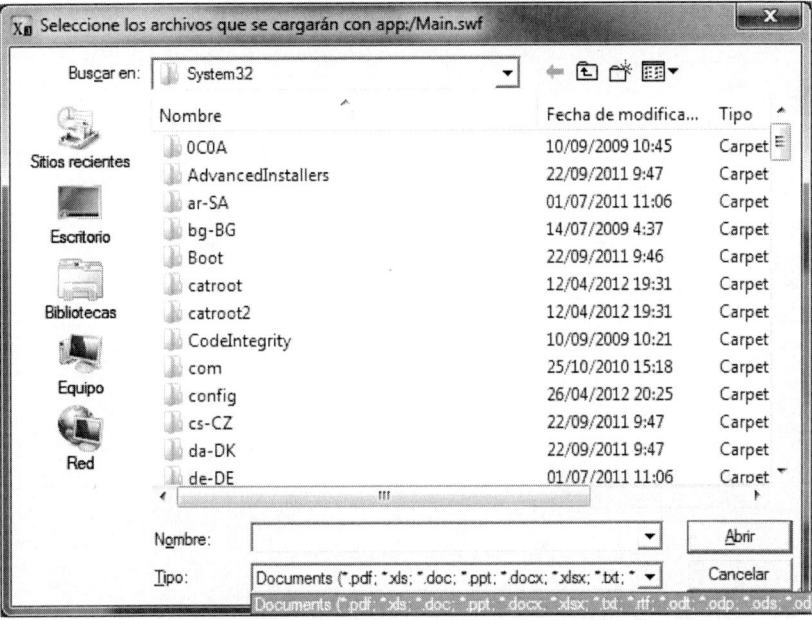

Figura 11.9. Tipo de documentos para subir a nuestro sitio

Es decir: de Acrobat Reader, hojas de cálculo de Excel, documentos de Word, presentaciones de Power Point, y versiones de Office 2010. Bueno, realmente, todo un descubrimiento.

ÍNDICE ALFABÉTICO

A

Acceso especial 35, 36, 74, 102, 103
Admin.. 28, 57
Administrador.......45, 64, 67, 68, 73, 77, 100, 102
Alias 60, 102, 104
Appserv-win32-2.5.10.exe 19, 20, 24
Autor 35, 51, 63, 64, 66, 68, 73, 74, 126, 127

B

Backend.............15, 30, 45, 53, 63, 74, 77, 95
Beez_5.. 78, 79
Bezz_20.. 100, 101
Bloggers 142, 143, 144, 145
Business5.....55, 77, 81, 87, 90, 91, 92, 93, 98
Business9.. 85, 145

C

Cms 15
Complosoft... 41
Css... 83
Csv.. 167

D

Detalles del contacto 54

E

Excel 2010 164

F

Feed 153
Feedblitz 154
Footer.................................. 86, 149, 150, 151
Frontend......15, 28, 30, 45, 68, 73, 74, 75, 76, 77, 95, 102

G

Google Maps.................................... 138, 140

H

Hathor..31, 33

I

Index.php 57, 83, 84, 86
Instalación limpia 17, 45, 65, 77, 138

J

Jce_lang_2019_es-es.zip 168
Joomla_1.7.0_es_es_estable_
    paquetecompleto.zip 22

K

Kunena 155

L

Left 86, 123, 149, 153
Loadposition 101, 135
Logo.png 85

M

Mapa de sitio 71, 101
Menú principal 46, 97, 100, 101, 104, 106
MySQL..........................17, 19, 20, 21, 23, 24

N

Non-commercial 146

P

Paquete plg_bloggx_server_
    24mar2010.zip 175
Params.ini.. 84, 86
Perfil......31, 33, 57, 64, 67, 68, 102, 126, 127
Php.......................... 17, 19, 23, 24, 83
Phpmyadmin.. 166
Position-1 .... 104, 120
Position-10 .... 89, 90, 110, 120
Position-7 ....60, 87, 90, 91, 92, 93, 98, 100,
    101, 126
Público........................35, 45, 48, 64, 102, 127

R

Registrado........ 34, 35, 36, 51, 54, 57, 64, 66,
    68, 73, 102, 126, 127
Restringido...48
Right 86, 146, 151, 152
Rss 153

S

Sindicación 153
Siteground-j16-14 .... 138, 139
Slides 81, 116
Submit an article...68
Super usuario 14, 15, 16, 17, 26, 28, 29,
    30, 31, 32, 33, 35, 42, 45, 63, 64, 66, 67,
    79, 126, 130, 134

T

Template.css 85
Template_thumbnail.png 84, 86
Templatedetails.xml............................... 84, 85
Themza_j17_06 .... 81, 82, 83, 115, 116
Tienda de frutas 37, 106, 107
Tinymce 39, 68, 110, 111, 176, 179, 182

V

Ver sitio 46, 55

W

Woeid 161
Wordpress.............................. 142, 143, 146
Writer...................................... 142, 143, 146
Wysiwg.. 176
Wysiwyg..39

Y

YouTube 143
Youtubegallery_for_joomla_25.zip 159

Z

Zona privada 77
Zona pública 77

SÍGUENOS EN INSTAGRAM Y ACCEDE GRATIS A NUESTRA BIBLIOTECA DIGITAL DURANTE 30 DÍAS.

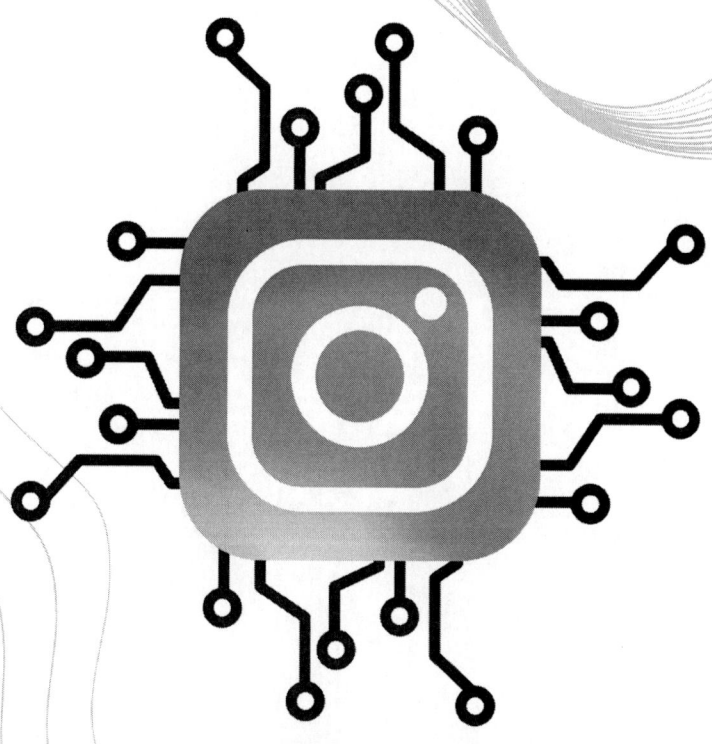

@grupoeditorialrama

¡ENVIANOS TU MAIL POR PRIVADO!